KB036703

내
마
음
을 돌
보
는 시
간

✤ **일러두기**

1 / 아래 단어들은 심리학에서는 구분해서 사용하기도 하는 개념이지만,
     이 책에서는 일상에서 사용하는 것처럼 혼용해서 사용하였습니다.
     - 고통(pain), 괴로움(suffering)
     - 감정(emotion), 기분(mood), 느낌(feeling)

2 / 책 제목은 겹꺾쇠(《 》), 논문, 영화, TV 프로그램 등은 꺾쇠(〈 〉)를 써서 표기하였습니다.

연약한 마음을 단단하게
지켜내는 셀프 심리학

내 마음을 돌보는 시간

김혜령 지음

내 마음에 안부를 묻는다

코로나19라는 전례 없는 위기를 겪으며 또 하나의 계절이 지나가고 있습니다. 코로나19로 인해 달라진 풍경 중 하나는 언택트Untact, 즉 사람과 사람 간 접촉이 줄어든 것입니다. 서로 접촉하는 대신, 우리는 서로의 안부를 묻습니다. 괜찮냐고, 잘 지내냐고, 아픈 데는 없느냐고요. 이런 마음 안에는 소중한 사람이 부디 잘 지내주길 바라는 관심과 염려가 자리하고 있습니다.

많은 사람이 타인의 안부를 묻는 데는 익숙하지만, 자기 마음의 안부를 묻는 데는 서투르고 낯설어합니다. 시시각각 변하는 감정과 넘쳐나는 생각이 내면을 가득 채우고 있는데도 그런 마음을 돌보는 데에 시간을 들이지 않고 있는 겁니다. 그러다 한순간, 너무 많은 생각에 짓눌리거나 격한 감정에 휩싸이면서 일상이 삐걱거리기 시작합니다. 나아가 직장, 가정, 가까운 대인관계에서도 문제가 커집니다. 그렇게 되는 걸 알아채지도 못한 채로요. 그렇기에 자기 마음의 안부를 묻는 건 소중한 타인의 안부를 묻는 것만큼이나 중요한 일입니다. 누구도 자신이 잘 지내길 바라지 않는 사람은 없으니까요.

이 책은 자신의 안부를 묻는 데 서툴고, 자신의 마음을 살피는 법을 배우지 못한 우리에게 어떻게 하면 어렵지 않게 '마음을 데리고 살 수 있을지' 알려줍니다. 조금이라도 더 편안하게 일상을 살아낼 수 있기를 바라는 마음을 담아서요.

이따금 인간이라는 존재가 얼마나 어리석고 연약한지 깨달을 때가 있습니다. 아이러니하게도 자신의 어리석음을 인정할 때서야 비로소 사는 게 더 수월해질 수 있다는 사실을 우리는 알게 됩니다. 많은 오류를 범할 수도 있고, 확신하던 게 언제라도 틀릴 수 있다는 사실을 안다는 건 우리의 삶을 더 유연하게 만들어주죠.

우리는 믿음을 과신하고, 우리가 얼마나 무지한지, 우리가 사는 세상이 얼마나 불확실한지 인정하지 않는다. 그러면서 세상을 이해하는 우리의 능력을 과대평가하고, 어떤 사건에서 우연의 역할을 과소평가한다.

_ 대니얼 카너먼Daniel Kahneman,《생각에 관한 생각》, 김영사, 29쪽

내 생각을 과신하고 집착하면 계속해서 벽에 부딪치게 됩니다. 하지만 내 생각에도 오류가 많다는 사실을 인정하고 받아들이면 벽은 허물어지고 생각은 막힘없이 흘러가게 될 겁니다. 내게 도움이 될 새로운 정보를 담을 수 있는 그릇도 커질 테지요. 그렇게 생각이 흘러가는 대로 흘러가게 내버려둘 수 있을 때 우리는 덜 괴롭습니다. 생각에 매달리지 않을수록 생각의 흐름을 허용하는 셈이지요. 실제로 우울증을 겪지 않는 사람과 우울증을 겪는 사람의 차이점 중 하나는 복잡한 생각이 일어났을 때 그걸 흘러가게 하는지, 아닌지에 있습니다. 마음이 건강할 때에는 특정한 생각에 매여 있지 않습니다.

이렇게 집착하지 않고 흘러가는 것을 흘러가도록 허용하는 힘을 저는 '마음챙김mindfulness'에서 찾았고, 그것이 이 책을 쓰는 계기가 되었습니다. 판단하지 않는 자세로 현재

내 마음을 돌보는 시간

경험하는 것에 주의를 기울이는 인지 방식인 마음챙김은 한발짝 떨어져 나를 바라볼 수 있게 해줍니다. '관찰자 시점의 나'를 키워준다고나 할까요. 관찰자 입장에서 스스로를 바라보는 것 자체가 내 마음의 안부를 확인하는 과정입니다. 또 내 안에 일어나는 생각과 감정이 유연하게 흘러갈 수 있도록 허용하는 것입니다.

　이 책은 다섯 장으로 구성되어 있는데 크게 세 부분으로 나뉩니다. 먼저 1장에서는 사는 게 왜 이렇게 괴로울 수밖에 없는지, 마음의 작동 원리를 통해 그 이유를 알아봅니다. 진화심리학의 입장에서 마음의 특성을 살펴보고 나만 특별히 이상한 게 아니라 마음의 작동 방식이 원래 이런 경향을 가지고 있다는 사실을 알려줍니다. 2장과 3장에서는 마음챙김의 태도를 일상에 활용해 괴로움을 덜고 마음의 평온함을 찾을 수 있는 방법을 담고 있습니다. 마음챙김은 심리치료뿐만이 아니라 통증의학에서도 활용될 정도로 고통을 경감하는 데 탁월하다는 사실이 수많은 연구를 통해 확인되었습니다. 이런 마음챙김을 일상 속에서 어떻게 자연스럽게 활용할 수 있을지에 대한 이야기들도 담았습니다. 마지막으로 4장과 5장에서는 우리의 마음이 흔들릴 수밖에 없는 여러 요인을 현대사회의 특징과 외부환경 속에서 찾아보고 마음을 단단하게 지켜낼 수 있는 방법을 다루었습니다. 핸드폰과 미디어, 소비를 조장하는 사회적 분위기, 대인관계의 문제로부터 쉽게 위협받는 우리의 마음을 지키기 위해 실천할 수 있는 방법을 담았습니다.

이 책의 곳곳에는 마음챙김을 기반으로 한 인지치료, 수용전념치료, 불교심리학에 대한 내용이 녹아 있지만 전문적인 지식을 서술하기보다는 일상에서 쉽게 적용할 수 있는 방법을 담는 데 더 무게를 두었습니다. 누구나 쉽게 읽을 수 있고, 큰 결심이 없이도 시도해볼 만한 내용을 담고 싶었기 때문입니다. 만약 호기심이 생겨 더 깊은 내용을 탐구하기를 원하는 분은 책의 뒤편에 나와 있는 도서 리스트를 참고하시기 바랍니다.

책을 출간할 때마다 어떤 분들이 서점에서 이 책을 집어들까 상상해봅니다. 그런 상상과 동시에 몇 년 전 힘든 시간을 보내던 제가 절박한 심정으로 마음에 관한 책을 샀던 날들을 떠올립니다. 그때는 책 한 권이 사람을 구제해주는 일이 가능할까 싶었지만 지푸라기라도 잡는 심정으로 읽은 책들이 늘 저를 조금씩 나아지게 했습니다. 마음이 나아지면 삶도 당연히 나아지니까요.

이 책이 당신의 마음을 조금이라도 나아지게 하는 데 보탬이 되기를 바랍니다. 어떤 방법을 머리로 알았다고 해서 마음이 즉각 나아지지는 않습니다. 책에서 일러준 방법을 염두에 두고, 괴로운 마음이 들 때마다 그 방법을 꾸준히 실천하다 보면 기존에 자신을 괴롭히던 마음의 반응 패턴에서 점점 벗어날 수 있을 겁니다.

괴로움이 완벽하게 사라지지 않는다고 해도 절대 포기하지 않기를 바랍니다. 삶은 완벽하지 않지만 '점점 더 나아질 것'이라는 기대가 있다면 충분히 살만하니까요. 조금씩 나아지는 과정, 조금씩 나아지기 위해 일상에 발을 굴리는 그 자체가 삶이라고 믿습니다.

누구보다 당신 스스로를 믿으세요. 마음과 삶이 나아지게 할 힘을 당신이 가지고 있다는 것도요. 그리고 그 시작은 자기 마음을 살피고 안부를 묻는 데에서부터 출발한다는 점을 기억하기 바랍니다.

2020년 6월

김혜령

1
장

마음을 데리고 사는 게

왜 이리 힘든가요

현대인의
이유 있는 괴로움

의심이 많은 친구를
이해하며 알게 된 사실

의심이 많은 친구가 있습니다. 처음에는 그녀를 보며 '왜 저렇게 삐딱하게 굴지? 왜 부정적으로만 생각하지?'라고 여겼습니다. 그러다 시간이 지나 그녀와 친해지게 되었습니다. 타인을 지나치게 의심하는 경향 때문에 남과 좀처럼 가까워지지 못하는 그녀를 보며 저는 늘 안타까운 마음이 들었습니다. 그러던 어느 날 그녀에게 어린 시절 이야기를 듣게 되었습니다. 그녀의 어린 시절은 가정폭력과 방임의 연속이었습니다. 사랑받고 싶었던 가족에게 거의 버림

받다시피 했고, 아버지의 폭력과 외도를 가까이서 목격했습니다. 이런 환경 탓에 그녀는 학교에서도 친구들과 잘 어울리지 못하고 소외되고 말았지요.

그 이야기를 듣고서야 비로소 그녀를 이해할 수 있었습니다. '지나치게 의심이 많은' 경향은 어린 시절에 만들어진 생존 전략이었다는 사실을요. 믿었던 가족과 친구에게 큰 상처를 받고 가정폭력에 노출된 아이는 사람을 쉽게 믿을 수 없었죠. 아니, 믿어서는 안 되었던 겁니다. 언제 또 타인이 나를 배신해 고통스럽게 할지 모르니까요. 어린 시절에 온전히 안전감을 경험하지 못한 아이에게 '세상은 위험한 곳'이라는 믿음이 강하게 형성되었습니다. 그 결과, 세상을 경험할 때 아이는 지나치게 신중하게 되었고요.

쉽게 마음을 주었다가 또 상처받을지도 모른다는 불안에서 비롯된 자기방어 전략인 셈입니다. 그 아이에게 '의심'은 생존하기 위한 필수적인 것이었습니다. 자라면서 점차 성격의 일부가 되어버렸고요.

과거의 나를 살게 했던,
지금의 나를 아프게 하는

그 아이는 이제 어른이 되어 사회생활도 하고 연애도 합니다. 하지만 성격의 일부가 된 의심하는 경향은 일상에서 걸림돌이 되어버렸습니다. 남자친구와 잦은 싸움을 하는 원인이기도 했죠. 그녀는 직장에서도 불만이 많았습니다. 작은 단서에도 '저 사람이 나를 싫어한다'고 오해했습니다. 타인의 친절 앞에서도 '다른 속셈이 있어서 잘해주는 척한다'는 식으로 해석하니 관계가 좋을 리 없었죠. 무엇보다 그녀는 늘 불안해했습니다. 그녀가 지닌 다양한 갈등을 살펴보니 결국 그 밑바닥에는 세상을 믿지 못하고, 타인의 의도를 왜곡하는 태도가 자리 잡고 있었습니다.

살아남기 위해 발달시켰던 기능(의심하는 태도)이 현재 나를 괴롭게 하는 요인으로 작동하고 있었던 겁니다. 과거에는 나를 살게 했지만, 아니 어쩌면 지금도 '생존'에는 도움이 될지 모르지만 마음의 안정에는 도움이 안 되는 기능이지요. 오히려 괴로움의 원인만 되고 있었습니다. 좀처럼 평온해지지 못하는 그 친구가 여전히 안타깝습니다.

그렇지만 이것이 다만 그 친구만의 이야기일까요? 모양

만 다를 뿐 평온한 마음을 갖기 어려운 건 현대인의 공통된 문제가 아니던가요?

우리 모두가 공유하고 있는 이런 마음의 문제는 비록 생존에는 도움을 주더라도, 마음을 괴롭히는 경우가 더 많습니다. 또 먼 옛날 원시시대에는 이롭게 작용했지만, 현시대에는 마음을 더 피폐하게 하는 요인이 되고 있습니다.

이런 모순을 이해하려면 '뇌'를 먼저 살펴볼 필요가 있습니다. 괴로움은 뇌의 생각에서 비롯되니까요.

생존에 몰두한 인간,
영원히 고통받는 현대인

뇌는 생존에 유리한 방향으로 진화해왔습니다. 아주 성공적으로요. 인간이 지금까지 존재하고 있으니까요. '자연선택'* 이론은 이런 사실을 잘 설명해줍니다. 생존에 유리한 방향으로 진화한 우리 뇌의 세 가지 특성을 알아보죠.

---

* 유전자 전파에 유리한 신체적·정신적 특징은 유지되고 그렇지 않은 것은 사라진다는 이론이다. 자연선택의 목적은 생명 개체의 유전자를 다음 세대에 전하는 것이다.

우리 모두가 가지고 있는 '주의산만함, 불안감, 부정적 경향성'이 그것입니다.

(1) 주의산만함

인간은 유일하게 과거를 후회하고, 미래를 걱정하는 동물입니다. 이 때문에 현재 일어나는 일에 집중하기가 어렵습니다. 심지어 텔레비전 예능 프로그램 〈나 혼자 산다〉를 틀어놓고서도 갖가지 생각과 걱정에 빠지곤 하죠. 우리는 눈앞의 즐거움을 온전히 누리지 못하는 슬픈 존재입니다.

한곳에 오롯이 집중하는 '몰입flow' 상태는 행복을 가져다줍니다. 하지만 왜 우리는 몰입하기 어려워하고 금방 주의가 산만해질까요? 왜 공부에 집중하지 못하고 핸드폰을 수십 번도 더 열어볼 수밖에 없는 걸까요?

그 해답을 위해 원시인의 삶으로 거슬러 가보겠습니다. 원시인들이 어떤 환경적 자극에도 주의를 뺏기지 않고 몰입할 수 있었다면, 불을 피우는 데 열중하느라 포식자가 침입해도 알아채지 못했을 겁니다. 또 아이에게 젖을 물리느라 짐승이 가까이 다가와도 알아차리지 못했다면 잡아먹히기 딱 좋았을 겁니다. 그랬다면 인류는 지금까지 이어지지도 못했을 테죠.

원시인들은 항상 주변을 살핌으로써 위험으로부터 목숨을 지켜낼 수 있었던 겁니다. 그렇게 하나에 오롯이 집중하지 못하고 기민하게 주변을 살피던 경향이 오늘날에는 주의산만함으로 남아서 우리에게 핸드폰 중독을 선사하고 말았지만요.

결론
생존하기 위해서 주의산만해야 합니다.

---

(2) 불안감(두려움)

우리의 뇌 속에는 아직도 원시인이 북을 두드리고 있습니다. 생존을 확보하기 위해서 우리는 다른 동물들과 마찬가지로 늘 위험을 경계하고 있죠. 여기에서 필연적으로 불안이 탄생하는 겁니다. 불안은 위험을 알리는 가장 좋은 시그널이거든요.

감정은 어떤 식으로든 우리를 행동하게 합니다. 안전하지 않다는 단서가 발견되는 즉시 불안감을 느끼고, 몸은 긴장하죠. 싸우거나 도망가기에 적절한 신체 상태가 되는 거죠. 원시인의 입장에서 보면 다음과 같은 과정을 거치는 셈입니다.

> 바스락거리는 소리가 들린다.(자극) → 경보 장치가 울린다.
> (불안감) → 소리가 나는 곳을 살핀 뒤 도망가거나 싸울 준비를
> 한다.(선택적 행동) → 성공(=생존)

원시인의 생존 전략에서 비롯된 이 경보 장치, 즉 불안이 현시대에 와서 온갖 일들에 민감하게 울려대고 있는 게 문제입니다만 어쨌거나 결론은 다음과 같습니다.

....

결론
불안은 내 목숨을 지켜주는 감정입니다.

....

(3) 부정적인 경향성

긍정적인 생각을 많이 한다면 기쁨과 행복감을 더 자주 느낄 수 있을 텐데, 태생적으로 인간은 부정적인 데 주의를 더 많이 기울이게끔 되어 있습니다.

부부 싸움을 예로 들어볼게요. 서로의 좋은 점 열 가지는 쉽게 망각하고, 나쁜 점 한 가지에 민감하게 반응해서

부딪칠 때 보통 부부 싸움이 일어납니다. 긍정적인 것보다
는 부정적인 정보를 우리가 더 크고 강하게 받아들이기 때
문입니다. 자연스러운 현상이죠.

앞의 두 가지 특성(주의산만함과 불안감)과 연결하여 생
각해보면 이해가 쉽습니다. 결국 나를 위태롭게 만들고 위
협하는 정보를 민감하게 알아차려 나를 안전하게 만들려
는 겁니다. 긍정적인 사건보다는 부정적인 사건이 훨씬 큰
영향을 미칠 수밖에 없습니다. 자녀의 재롱보다는 적의 위
협을 빨리 알아차려야 가족을 살릴 수 있으니까요. 이런 특
성이 현대까지 이어져 성공에 대한 기쁨보다는 실패에 대
한 좌절감을 훨씬 크게 느끼는 식으로 변화한 겁니다.

심리학자 존 가트맨John Gottman이 했던 〈결혼 생활의 성
공과 실패에 관해 다룬 연구〉에 의하면 한 번의 부정적인
사건 하나를 만회하기 위해서는 다섯 번의 긍정적인 상호
작용이 필요하다고 합니다. 단 한 번의 실수로 아내가 화가
났는데 좀처럼 풀리지 않는다고요? 아직 멀었습니다. 다섯
배는 더 노력하십시오.

신경심리학자 릭 핸슨Rick Hanson은 "살아남아 우리에게
유전자를 물려준 개체들은 그 대가로 부정적 경험에 대한
엄청난 주의를 유전자에 심어놓았다"라고 말합니다.

결론적으로 이 세 가지 특성 모두 나를 생존시키고 유
전자를 더 많이 퍼뜨리기 위해 장착되어 있는 것입니다. 하
지만 이런 특성은 현대사회를 살아가는 우리에게는 긍정
적으로 작용하지 못합니다. 오히려 괴로움의 원인이 되고
있죠. 계속해서 걱정과 불안에 시달리고, 게임이나 핸드폰
에 주의를 빼앗기고, 부정적인 일에 초점을 맞춘 채 스스로
를 괴롭게 만들고 있습니다.

행복해지는 법은
몸에 새겨져 있지 않다

인류가 생존을 위해 진화해온 방향이 인간의 행복과는
일치하지 않는다는 점을 이해하셨으면 좋겠습니다. DNA
에 새겨져 있는 것은 '생존'을 위한 것입니다. 우리는 본능
적으로 생명을 사수하기 위한 행동을 하며 살아갑니다. 따

로 공부하거나 애쓰지 않아도 자동적으로 그런 방향으로 행동하고 선택하며 살아가게 되죠.

그렇기 때문에 '평온한 마음' 즉, 행복감을 위해서 의도적으로 공부하고 연습해야 합니다. 그건 몸에 새겨져 있지 않거든요. 별 수 있나요. 몸에 새기기 위해서는 연습밖에는 답이 없습니다. 고요한 마음을 지킬 수 있도록 뇌를 길들이는 수밖에요. 뇌를 길들이는 방법에 대해서는 앞으로 차근차근 풀어보도록 하겠습니다.

내 마음을 돌보는 시간

내 마음인데
내 뜻대로 안 될 리가

통제되지 않는 마음이
괴로움을 부른다

사는 게 내 마음 같지 않을 때 대개는 힘들다고 말합니다. 그런데 가장 내 마음대로 안 되는 건 아이러니하게도 '내 마음'이죠. 우리는 무언가 통제할 수 없는 상황에 놓일 때 불편한 감정을 느끼게 됩니다. 아래와 같이 내 의도대로 마음이 움직여주지 않을 때가 그런 경우입니다.

• 타인의 시선을 지나치게 의식하는 내가 싫은데 자꾸 눈치 보고 움츠러듭니다.

- 실패의 경험을 쉽게 털어내버리지 못하고 계속 주저앉아 있습니다.
- 헤어진 애인을 쿨하게 잊고 싶은데 마음은 자꾸만 연연해합니다.

이처럼 '원치 않는데 그렇게 되는' 경우, 즉 통제할 수 없는 모든 상황에서 우리는 괴로워집니다. 괴로움의 상당 부분은 '통제력'과 관련이 있습니다. 그렇다면 어떻게 해야 '잘' 통제할 수 있을까요?

그전에 내가 통제할 수 있는 영역이 어디까지인가를 먼저 확인해야 합니다. 내가 바꾸고 조절할 수 있는 게 어디까지인지 생각해보세요. 바꿀 수 없는 것에 대한 통제력을 얘기할 수는 없으니까요.

통제 불가능한 영역을 내가 원하는 대로 바꾸길 바라는 데서 많은 괴로움이 생겨납니다. 바꿀 수 없는 것을 바꾸고 싶어 하는 데서 문제가 시작되는 겁니다. 내일이 월요일이라고 짜증내고, 날씨가 너무 덥다고 짜증내고, 상대방의 성격이 마음에 들지 않는다고 다투는 일도 마찬가지입니다. 시간도 날씨도 타인의 성격도 내가 바꿀 수 있는 영역은 아니죠. 그래서 정리해봅니다.

바꿀 수 없는 것

타인, 가족, 지난 시험 결과, 떠나간 애인의 마음,

날씨, 과거, 우주

맞습니다. 거의 모든 것입니다. 세상이 굴러가는 것 자
체가 내 의지와는 상관이 없으니까요. "그러면 도대체 바꿀
수 있는 건 무엇입니까"라고 묻는다면 이렇게 정리할 수 있
겠습니다.

바꿀 수 있는 것

나

너무 당연한 얘기라고요? 하지만 많은 사람이 바꿀 수
없는 것들에 대해 전전긍긍하거나 분노하곤 합니다. 다른
사람의 성격이나 행동을 문제 삼으며 갈등을 빚고 불만스
러워합니다. 마치 세상과 사람들을 자신이 바꿀 수 있을 것
처럼 생각해요. 내가 아니라 다른 사람들이 바뀌어야 한다
고 생각합니다. 바꿀 수 있는 유일한 존재인 '나'에 대해서
는 오히려 바꿀 수 없는 것처럼 행동하면서요.

타인은 나를
괴롭게 할 수 없다

　엄밀히 말하면 타인은 나를 괴롭게 만들 수 없습니다. 괴로움은 나 스스로 느끼는 감정이니까요. 다른 사람의 행동이나 말 때문에 괴롭다면 그건 내 감정의 통제력을 상대에게 내어주고 있는 겁니다. 그런 상태를 '의존'이라고 합니다. 내 기분이 다른 사람에게 맡겨져 있는 상태죠.

　타인에게 의존할 때 마음이 안정되지 않는 이유는 그가 완전히 내 통제 밖에 있기 때문입니다. 그러니 전전긍긍할 수밖에 없습니다. 요구가 많은 엄마로 인해 고민이 많은 한 친구는 엄마에게 전화가 올 때마다 불안하다고 합니다. 전화가 와서 전개될 상황을 잘 다룰 수 있다는 확신이 없기 때문입니다. 엄마에게 통제권을 내어준 셈이죠. 통제권이 상대에게 가 있으면 우리는 한순간도 마음이 편안해질 수 없습니다.

　그런 의미에서 보면, 우리 스스로 괴로움을 만들어내는 건 아닐까요? 신경심리학자 릭 핸슨과 리처드 멘디우스 Richard Mendius는 이렇게 말하고 있습니다.

인간은 고통 그 자체 때문에 고통받는다. 아픔, 분노, 죽음에 고통받고, 눈을 뜨면서부터 갖가지 고통 때문에 불행하며 매일매일이 불행하다. 이런 고통은 우리가 겪는 대부분의 불행과 불만족에 해당하는데, 이는 뇌에서 형성된다. 즉 고통은 대개, 우리가 스스로 만드는 것이다. 이런 모순이 우리에게 커다란 희망을 준다.

_ 릭 핸슨·리처드 멘디우스, 《붓다 브레인》, 불광출판사, 31쪽

어쨌거나 우리는 통제권을 가질 수 있는 유일한 존재가 '나'라는 점을 먼저 받아들여야 합니다. 엄밀히 말하면 내가 아니라 나의 '뇌', 또 나의 '마음'이겠죠. 그럼 이제 뇌가 어떻게 작동하고 변화하는지를 알아보면 되겠네요. 그래야 어떻게 통제력을 가질 수 있을지, 어떻게 덜 괴로울 수 있는지를 이해할 수 있을 테니까요. 뇌가 어떻게 괴로움을 만들어내는지 알게 되면 자연스럽게 어떻게 뇌를 훈련해서 마음을 제어할 수 있을지도 이해할 수 있게 될 겁니다.

간단한 예로 뇌에서 통제력을 담당하는 부위가 있는데 바로 '전전두엽'입니다. 전두엽의 앞부분으로, 계획을 세우거나 미래를 위한 신중한 선택을 하는 일이나 감정조절과 같은 중요한 임무를 맡고 있죠. 뇌의 사령관이라고도 할 수

있습니다. 이 전전두엽의 기능을 발달시킬수록 마음을 컨트롤하는 능력이 높아집니다. 그런데 전전두엽을 발달시키는 대표적인 방법이 바로 '마음챙김*'입니다. 마음챙김을 통해 마음의 방향키를 잡고 직접 스스로 운전할 수 있는 능력을 기르면 됩니다. 모두들 경험해보셨듯이 내 마음은 좀처럼 내 뜻대로 되지 않기에 연습이 필요합니다.

내가 통제할 수 있는
유일한 영역 '내 마음'

엄밀히 말하면 내가 내 마음의 주인이라고 할 수는 없습니다. 마음에 대해 우리가 통제력을 완전히 쥐고 있는 상태는 아니기 때문입니다. 원치 않게 이런저런 상념들이 불쑥불쑥 떠오르는 것만 봐도 알 수 있죠. (그래도 이해가 잘 안 되신다면 '흰곰을 생각하지 마'라고 마음에게 명령해보세요. 마

---

* 마음챙김은 현재의 내적경험에 대해 있는 그대로 알아차리는 것을 뜻한다. 즉, 자신의 느낌, 사고, 감각을 비판단적이고 수용적인 태도로 관찰하는 심리적 과정이다. 불교의 수행법에서 유래했으나 서양으로 건너가 발전되고 보편화되었다. 과학적 연구를 통해 심리적 문제를 완화시키는 데에 효과가 있다는 것이 밝혀지면서 여러 치료 프로그램으로 활용되고 있다. 대표적으로 우울증 치료와 스트레스 완화, 중독 치료 등에 사용되고 있다.

음이 말을 잘 듣나요?)

하지만 마음챙김을 의식적으로 연습하고, 뇌의 작동 방식을 이해하는 것에서 힌트를 얻어 나날이 힘을 키워갈 수는 있습니다. 그렇게 점차 내 마음에 대한 영향력을 키워갈 수 있는 거죠.

무엇보다 '내 마음은 애당초 내 뜻대로 움직여주는 녀석이 아니다'라는 사실을 받아들였다면, 그 자체로 이미 통제력을 어느 정도 획득한 셈입니다. 생각을 통제하려고 할 때보다 생각을 가만히 놓아둘 때 원치 않는 생각을 흘려보낼 수 있거든요. (이제 머릿속에 떠오른 흰곰을 가만히 바라보세요. 곧 사라질 겁니다.)

> 나쁜 소식은, 당신이 당신의 마음이라는 정글에서 왕이 아니라는 사실이다. 좋은 소식은, 당신이 왕이 아니라는 사실을 깨닫는 것이 역설적으로 참된 권력을 쥐는 첫걸음이라는 점이다.
>
> _ 로버트 라이트Robert Wright, 《불교는 왜 진실인가》, 마음친구, 108쪽

어쨌거나 이 세상에서 내 마음의 운전대를 잡고 살 수 있는 존재는 나 하나라는 것. 그것 하나만 기억하고 넘어가도록 해보죠.

잘 알려진 기도로 글을 마치겠습니다.

신이시여, 제가 바꿀 수 없는 것들은 받아들이는 평온함을.

바꿀 수 있는 것들은 바꿀 수 있는 용기를.

그리고 이 두 가지를 구별할 줄 아는 지혜를 주소서.

_ 라인홀드 니부어Reinhold Niebuhr, 〈평온을 구하는 기도〉 중에서

내 마음을 돌보는 시간

쾌락이
우리를 속인다

달고나는 또
달고나를 부르고

어렸을 때 '달고나'라는 과자를 무척 좋아했습니다. 제가 살던 동네에서는 달고나를 '똥 과자'라고 불렀죠. ('뽑기'라고도 하죠.) 초등학교 1학년 시절, 100원이 있으면 달고나를 두 번이나 만들어 먹을 수 있었습니다. 학교 수업이 끝날 때쯤이면 달고나를 먹으러 갈 생각에 흥분했습니다. 달고나를 맛있게 먹고 난 뒤에는 다음번을 또 기대했죠.

그런데 제게 즐거움을 주던 달달함은 50원짜리 달고나에서 5천 원짜리 바닐라라테로 바뀌었습니다. 때때로 더

비싼 초콜릿 케이크를 먹어야만 할 때도 있습니다. 여러분들은 어떤가요?

요즘은 우리를 즐겁게 하는 값비싼 것들이 너무나 많아졌습니다. 맛집, 여행, 고가의 옷과 가방이 그렇죠. 시험 합격이나 취직, 승진 등 목표를 달성하는 때도 마찬가지로 쾌락을 느낄 수 있습니다. 맛있는 걸 입에 넣었을 때처럼 즐거움을 줍니다.

즐겁게 살고 싶지 않은 사람이 있을까요? 매일매일이 즐거운 삶이라면 그보다 더 좋은 건 없겠죠. 이렇게 즐거움을 쫓는 인간을 이해하기 위해 '도파민'에 대해 알아두면 좋겠습니다.

뇌 속의 신경 활동에 영향을 미치는 물질 중 하나인 '도파민'은 무언가를 갈구하는 행동을 촉진시킵니다. 그렇게 해서 맛있는 음식, 갖고 싶은 옷, 가방과 같은 물건을 획득하면 도파민 수준이 일정하게 유지됩니다. 그러다가 도파민 수준이 다시 떨어지면 실망과 불만족 같은 불쾌한 감정이 일어나죠. 그러면 우리는 도파민을 만회하기 위해 또다시 무언가를 갈구하게 됩니다. 이렇게 도파민은 끊임없이 계속 순환하는 구조를 지니고 있어요.

내 마음을 돌보는 시간

우리가 무언가를 기대할 때에는 실제로 얻게 되는 즐거움보다 더 큰 즐거움을 얻을 수 있을 거라고 착각합니다. 이 때문에 실제로는 기대에 못 미치는 경우가 대부분입니다. 맛있는 음식뿐만이 아니죠. 취업만 하면 몹시 행복해질 줄 알았는데 그렇지가 않은 현실, 오랫동안 고대했던 친구와의 여행이 싸움으로 막을 내린 경우 등도 그렇습니다. 이렇게 되면 당연히 도파민 수준이 떨어져서 불쾌한 감정이 일어나고, 더 큰 즐거움을 맛볼 달고나를 또다시 찾아 나서게 되는 겁니다.

즐거움의 함정

이미 눈치챘겠지만 즐거움에는 함정이 도사리고 있습니다. 그 즐거움과 쾌락이 일시적일 뿐이라는 겁니다(쾌락뿐만 아니라 모든 감정은 일시적입니다). 게다가 우리는 더 큰 쾌락을 원할 수밖에 없습니다. 이 또한 우리 뇌가 가진 특성 때문인데요.

미국의 진화심리학 연구자이자 저술가인 로버트 라이트는 저서 《불교는 왜 진실인가》에서 쾌락이 왜 시들해질 수밖에 없는지를 뇌의 설계 방식을 통해서 설명합니다. 진화생물학의 시각에서 볼 때, 뇌는 유전자 전파에 도움이 되는 행동을 많이 해야 한다고 합니다. 생존을 하고 종족을 번성시킬 행동을 추구하도록 뇌가 설계되어 있다는 입장이죠. 뇌가 그런 행동을 하도록 하는 세 가지 기본 원칙은 이렇습니다.

1. 목적을 달성했을 때 쾌락을 느껴야 함.
2. 쾌락이 영원히 지속되면 안 됨. (지속되면 다시는 그 행위를 하지 않을 테니까)
3. 쾌락이 곧 시들해진다는 사실보다 목적 달성으로 인해 쾌락이 따른다는 사실을 더 크게 인식해야 함. (곧 시들해진다는 생각을 하면 행동을 주저하게 되니까)

원시시대 인간의 입장에서 이해해보면 그들에게 즐거움을 주는 행위는 '먹기' 또는 '섹스하기'였을 겁니다. 이 두 행위는 곧 생존과 종족 보존에 직결되는 행위입니다. 이 두 행위를 했을 때 쾌락이 있어야 갈망할 것이고, 그 즐거움이 금세 시들해져야 다시 그 행위를 원하게 되겠죠. 또 쾌락이 시들해진다는 사실을 망각할 정도로 적당히 어리석어야

내 마음을 돌보는 시간

다시 '먹기'와 '섹스하기'를 시도하려 들 겁니다. 그 덕분에 인류는 성공적으로 유지되었습니다. 우리의 존재가 그걸 증명해주고 있고요.

현대에 와서는 쾌락을 주는 행동이 쇼핑, 게임, 유튜브, SNS Social Networking Service, 여행 등으로 다양해졌을 뿐 즐거움을 쫓는 뇌는 여전히 동일한 방식으로 돌아가고 있습니다. 이 때문에 우리는 계속해서 원하고, 시도하고, 성취하고, 또다시 갈망하는 쳇바퀴를 달릴 수밖에 없죠. 목표를 성취하거나 값비싼 물건을 어렵게 손에 넣어도 충분히 만족하지 않는 것은 당연합니다. 뇌는 다시 다음의 즐거움을 갈망하도록 되어 있으니까요. 달고나는 더 큰 달고나를, 구두는 더 이쁜 구두를, '좋아요'는 더 많은 '좋아요'를, 레벨업은 더 높은 레벨업을 원하게 되는 거죠.

즐거움을 얻기 위해 행동하는 모든 것들이 결국은 '불만족'을 낳을 수밖에 없습니다. 이런 측면에서는 즐거움을 추구하는 삶이 곧 괴로움입니다. 다음과 같은 식이죠.

A. 갈망하는 게 있음 → 안달남 → 괴로움

B. 갈망하는 걸 얻지 못함 → 괴로움

C. 갈망하는 걸 얻음 → 언젠가 끝남 → 괴로움

C'. 갈망하는 걸 얻었으나 기대에 비해 부족함 → 괴로움

그리고 A, B, C, C'의 패턴 모두 다시 갈망하는 쪽으로 나아가죠. 다시 초콜릿에 손을 뻗고 '좋아요'를 이끌어낼 아이템을 찾고, 다음 여행지를 검색합니다. 이것이 즐거움을 추구하는 현재 우리의 모습이죠. 무언가를 성취해서 얻고자 하건, 소유해서 얻고자 하건, 완전한 만족에 이른 사람이 몇이나 될까요?

돈이 많이 드는
현대인의 마음

여덟 살짜리 아이가 달고나를 쟁취하고도 또다시 달고나를 먹고 싶어 하듯이, 명품 가방이나 다이아몬드를 원하는 것 역시 마찬가지입니다. 아무리 고가품을 손에 넣어도 우리는 충족될 수 없습니다. 그렇기 때문에 고가품이 주는 즐거움을 행복이라고는 할 수 없죠.

요즘은 워낙 소비 욕구가 높아진 데다가, 소비하는 즐거움을 SNS를 통해 타인과 함께 공유하다 보니 이런 자극으

로 인한 소비도 많아졌습니다. 무언가를 계속 갈구하고 원할 수밖에 없는 자극들이 늘어나고 있으니, 이것은 당연한 일입니다.

즐거움에는 함정이 있기 때문에 우리는 계속해서 즐거움을 갈구할 수밖에 없을 겁니다. 그리고 '더욱더 원하는 사람'으로 진화해갈 겁니다. 지금 원하고 있는 물건을 손에 넣더라도 우리는 결코 충분히 만족하지 못할 테니까요.

값비싼 걸 먹고, 값비싼 걸 걸쳐야 만족할 수 있는 거라면 그건 정말 '돈이 많이 드는 마음'입니다. 현대인의 마음은 어쩌다가 이렇게 돈이 많이 드는 마음이 되어버린 걸까요? 즐거움을 쫓는 가엾은 짐승이 아닐 수 없습니다.

그럼에도 이제 뇌가 어떤 식으로 우리를 속이는지 알았으니, 즐거움이란 함정에 놀아나지 않고 평온함을 찾도록 해야겠습니다. 돈이 많이 드는 마음이 아니라, 어디서든 공짜로 마음을 평온하게 만들 수 있도록 말이죠. 자꾸만 무언가를 갈구하는 마음에서, '지금, 여기'에서 만족하는 마음으로 변화시킬 수 있는 방법을 알아볼 필요가 있습니다.

물론, 여기 글을 쓰고 있는 어리석은 짐승은 오늘도 초코 과자에 손을 뻗고 있긴 하지만요.

느낌은 어떻게
괴로움을 만들어내는가

행복에 대한 오해

많은 사람이 행복에 대한 오해를 갖고 있습니다. 행복이란 '좋은 느낌'을 계속해서 느끼는 거라는 생각입니다. 마음 안에서 일어나는 자연스러운 현상인 고통이나 쾌락, 두려움, 걱정, 사랑, 욕정 같은 무수한 감정들 중에서 오로지 쾌락만 느끼고 싶어 하는 거죠.

그런 오해로 인해, 즐겁지 않은 느낌이 들 때에 우리는 견디지 못하고 알코올이나 마약에 중독되어 황홀경을 끊임없이 맛보려 들기도 합니다. 과연 그 상태를 행복이라 말할 수 있을까요?

느낌은 우리의 삶에서 큰 역할을 하고 있습니다. 생각을 만들어내고, 나를 보호하는 방향으로 안내해줍니다. 나이 들수록 이성적으로 판단한다고 여기기 쉽지만 사실은 느낌에만 기대서 결정을 내리는 경우가 더 많습니다. 물론 느낌은 우리가 일상에서 이로운 선택을 하도록 도와주는 역할도 합니다. 이때 느낌은 우리가 옳은 선택을 하도록 돕는 도구인 셈이죠.

행동과학자들은 느낌의 기능을 이렇게 설명합니다. 크게 좋은 느낌과 나쁜 느낌으로 나누었을 때, 좋은 느낌은 우리에게 이로운 사물에 접근하게 만들고 나쁜 느낌은 해로운 사물을 피하게 만든다고요. 예를 들어 신선하고 몸에 좋은 음식을 먹고 싶게 만들고, 해롭고 부패한 음식을 피하게 만들어 우리를 지켜주는 겁니다. 안전한 장소에서 편안한 느낌이 들고, 그렇지 않은 곳에서는 불편한 느낌이 드는 것도 그 느낌을 통해 더 안전한 곳에 있게 하여 나를 보호하려는 거죠. 앞서 설명했던 '자연선택'의 관점에서 볼 때, 느낌은 위와 같은 방식으로 우리가 생명을 유지할 수 있도록 했던 겁니다. 그 습관이 여전히 우리 몸에 남아 있어 여러 가지 상황에서 우리는 느낌에 기반한 선택을 하는 것이고요.

그런데 현대에 와서는 느낌이라는 녀석이 항상 믿을 만한 도구가 되고 있지는 못합니다. 오히려 괴로움을 유발하는 방향으로 작동하기도 합니다. 느낌을 잘못 이해하고 무조건 따르기만 할 경우, 생명을 위협받을지도 모릅니다. 그래서 느낌에 대한 팩트 체크를 해볼까 합니다.

느낌을 의심하라

첫 번째 팩트 체크를 하자면, 느낌은 진실을 반영하지 않는다는 점입니다. 진화론의 입장에서 볼 때, 느낌은 나에게 해로운 것과 이로운 것을 구분하게 해줍니다. 과학자들은 그것이 느낌의 본래 기능이라고 보았어요. 느낌으로 단번에 파악할 수 있다면, 이것을 취할지 아니면 피할지를 고민하여 판단하는 생각의 과정을 단축시켜주죠. 쉽고 빠르게 이로운 행동을 선택할 수 있게 한다는 겁니다. 하지만 이 기능이 머나먼 옛날 소규모 수렵채집 사회에서는 늘 진실이었지만, 오늘날의 환경에서는 오류가 많습니다.

로버트 라이트는 자신의 저서 《불교는 왜 진실인가》에서 '정크푸드'를 예로 들어 느낌의 오류를 설명하고 있어요.

내 마음을 돌보는 시간

정크푸드는 몸에 해롭지만 사람들은 자주 정크푸드를 먹고 싶다는 느낌에 휩싸입니다. 하지만 정크푸드에 끌리는 이런 느낌이 과연 진실이라 할 수 있을까요?

느낌의 본래 기능에 부합하려면, 열량만 높은 햄버거나 감자튀김보다는 건강에 좋고 영양가도 훨씬 높은 브로콜리나 시금치에 우리는 더 좋은 느낌을 받아야 합니다. 하지만 어떤 사람은 햄버거, 감자튀김, 라면, 떡볶이만 계속 먹고 싶어 하기도 합니다. 즉, 정크푸드를 먹고 싶다는 느낌만으로는 그게 내게 이로운 것이라는 진실을 반영해주지 않습니다. 느낌의 오류인 거죠.

오류가 발생하는 이유는 느낌이 진화의 과정에서 특정한 환경 내에서 설계되었기 때문입니다. 자연이 주는 음식만 먹고 사람들과 무리지어서 살았던 환경에서 설계된 것이기에 다양한 가공식품이 개발된 오늘날과 똑같은 기능을 할 수가 없는 거죠. 건강에는 좋지 않지만 입맛을 자극하는 식품들이 늘어났으니까요. 즉, 환경의 차이로 인해 더 이상 '먹고 싶은 음식=몸에 좋은 음식'이라는 등식이 성립하지 않죠. 따라서 먹고 싶은 음식만 먹는 게 건강을 위한 습관이 아니라는 점은 당연합니다. 때문에 많은 부모님이 편식하는 아이에게 어떻게든 야채를 먹이기 위해 식사 시간마다 전쟁을 벌이고 있기도 하고요. 해로운 음식을 먹고 싶게 만드는 느낌과 맞서 싸워야 하는 현대인의 고충이 안타깝긴 하지만 어쩔 수 없다는 생각도 드네요.

느낌이 진실을 반영하지 않는다는 사실은 '시간'에 대한 감각을 떠올려보면 이해하기 쉽습니다.

기다리는 날이 간절할수록 시간은 느리게 갑니다. 휴가를 기다리는 시간이 그렇죠. 또 평일은 느리게 가는 반면에 주말은 빨리 가죠. 학창 시절에 수업시간은 느리게 가지만 점심시간은 빠르게 가는 것도 그래요. 그렇다면 시간에 대한 감각은 어떤 게 진실일까요. 어쨌거나 느낌이 어떤 진실을 알려주는 기능을 한다고 보기는 어렵습니다.

그런 의미에서 로버트 라이트는 느낌을 가리켜 '환영 illusion'이라고 했습니다. 맞아요. 느낌은 그 실체가 없습니다. 그렇기 때문에 더더욱 우리를 속이기 쉽죠. 이런 속성과 연결하여 자연스럽게 다음으로 넘어가보겠습니다.

두 번째 팩트 체크를 하자면, 느낌을 따르는 건 나를 이롭게 하는 게 아니라는 사실입니다. 예를 하나 들어볼게요. 스트레스를 받거나 심리적 소진 상태에 있을 때 무기력감을 느끼곤 합니다. 때때로 깊은 우울은 이런 무기력감을 동반하죠. 아무 의욕이 없고 어떤 것도 하고 싶지 않은 기분이 듭니다. 마음속에서는 '아무것도 하고 싶지 않아. 날 좀 가만히 내버려둬'라고만 외칠 뿐입니다. 이때, 이 무기력한 느낌을 계속해서 따른다면 어떻게 될까요? 무기력감에서 더욱 회복되기 어렵고, 오히려 몸을 헤치게 될 겁니다. 먹지도 않고 사람을 만나지도 않을 테니 점점 더 처질 수밖에요.

무기력감에서 회복되는 가장 좋은 방법은 새로운 행동을 하거나 나를 움직이게 만드는 환경에 노출시키는 것입니다. 몸을 움직여 활력을 생성시키면 그 결과로 자연스럽게 활기찬 느낌이 드는 거죠. 운동이 너무 가기 싫은 날에 억지로 어떻게든 운동을 가본 분들은 아실 겁니다. 운동하고 난 후 몸이 훨씬 가뿐하고 의욕이 생겨나는 것을 경험하셨을 거예요. 그러니까 아무것도 하고 싶지 않다는 느낌을 그대로 따르는 건 내게 이로운 방법이 아닌 거죠. 정말 아무것도 안 하면 우리는 죽어버릴 테니까요.

느낌을 따르는 게 이롭지 않은 또 하나의 대표적인 감정이 바로 '분노'입니다. 분노 감정은 무척 강렬해서 평소하지 않던 말과 행동을 하게 합니다. 그렇지만 그 감정에 이끌려 거친 말들을 내뱉는 바람에 걷잡을 수 없이 상황이

악화되는 경우가 많아요. 극단적인 사례로는 층간소음 때문에 화를 못 이겨 이웃을 폭행한다거나, 부부간 가족 간에 홧김에 살인사건이 일어나는 경우도 있죠. 그런 행동을 저지르는 것은 누구에게도 이로운 결과를 가져오지 않아요. 그런 행동의 대부분이 처음부터 계획한 것이 아니라, 순간적인 강렬한 느낌에 끌려간 것일 뿐이라는 사실이 중요합니다. 단지 느낌에 끌려 행동한 것이지만 어마어마한 상황을 만들어내는 겁니다. 몇몇 느낌의 경우, 그 느낌을 따르는 게 나쁜만이 아니라 모두에게 결코 이롭지 않다는 걸 알 수 있어요.

느낌은 그저 느낌일 뿐
끌려가지 말자

이렇듯 느낌은 자칫하면 우리 스스로를 해치는 독이 될 수도 있습니다. 느낌을 따르다가 헤어나올 수 없는 함정에 빠지게 될 수도 있죠. 이를 대비하여 두 가지를 기억하셨으면 좋겠습니다.

첫째, 느낌은 내 마음 안에서 항상 변화하는 '일시적 현

내 마음을 돌보는 시간

상'이라는 걸 기억하세요. 그러면 느낌에 덜 매달리게 될 겁니다. 흘러가는 느낌에 너무 큰 의미를 부여할 필요가 없어요. 내 마음을 잠깐 스쳐가는 손님 정도로 생각해보세요. 그러면 그에게 휘둘려서 원치 않는 행동을 하지는 않을 겁니다. 욱하고 잠깐 다녀가는 분노감으로 인해서 되돌릴 수 없는 말이나 주먹다짐을 하는 일도 없어지겠죠. 또 끝없는 무기력감에 사로잡혀서 생명이 위태로워지는 일도 막을 수 있겠고요.

둘째, 좋은 느낌에 집착하지 않고 나쁜 느낌으로부터 도망가지도 않아야 한다는 걸 기억하세요. 행복에 대한 오해는 '좋은 느낌을 지속적으로 느껴야 한다'는 생각에 있다고 앞서 말씀드렸습니다. 하지만 좋은 느낌도 나쁜 느낌도 우리의 행복을 좌지우지하지는 않습니다. 행복한 사람도 언제든지 두려움, 권태감, 질투심, 분노감 같은 불편한 감정을 느낄 수 있으니까요. 또 불행한 사람이라고 해서 늘 괴롭기만 한 것이 아니라 즐거움을 느낄 수 있죠.

행복은 시시각각 변하는 감정에 의존하는 게 아닙니다. 오히려 사회심리학자 에리히 프롬Erich Fromm이 말한 것처럼 하나의 존재 방식이에요. 행복해지고 싶다면 일시적인 즐거움에 집착하기 위해 술, 마약, 소비 등에 의존할 것이 아니라 나의 모든 감정에 대해 열린 마음이 될 수 있는 상태가 되어야 합니다. 나아가 나를 이해하고 보살피고 성장하는 것 같은 더 넓은 차원에서 변화를 주어야 합니다.

오늘도 여러 가지 느낌이 여러분의 마음을 다녀갔을 겁니다. 그 느낌을 무시하지 않으면서, 그렇다고 불편한 느낌에 압도되지 않으면서도 얼마든지 행복한 일상을 영위할 수 있다고 감히 말씀드립니다. 구체적인 방법에 대해서는 뒤에서 계속 이어가보도록 하겠습니다.

내 마음을 돌보는 시간

각자의 세상 속에
살고 있는 사람들

'쟤는 도대체 왜 저럴까?'라는
괴로움

    누군가와 의견 차이로 인해 전혀 접점이 찾아지지 않는 경험을 해보셨나요? 서로가 서로를 이해시키기 위해 각자의 입장을 계속 설명하는데도 불구하고 의견은 좁혀지지 않고 대화는 자꾸 어긋나기만 할 때가 있습니다. 이런 경험은 가족 관계는 물론이고 친구, 연인 관계에서도 흔하게 있을 수 있는 일이에요. 이런 과정에서 오해도 생기고, 실망을 하거나 상처를 받게 되는 경우도 많아요. 우리를 괴롭게 하는 큰 요인은 이처럼 타인과의 관계에서 발생합니다. 마음의 에너지가 가장 크게 소진되는 영역이죠.

관계의 문제로 어려움을 겪던 친구가 마음을 편안히 하는 데 도움을 받았다며 제게 알려준 영상이 있었어요. 법륜 스님이 청중의 질문을 듣고 해답을 찾을 수 있도록 대화를 나누는 〈즉문즉설〉이라는 콘텐츠였습니다. 친구의 말에 관심이 생겨 저도 찾아봤습니다. 그런데 스님과 청중 사이에 오가는 질문과 대화를 보면서 제가 주목한 건 스님의 조언이 아니라, 청중의 다양한 고민이었죠. 고민의 대부분은 관계에 대한 문제였습니다. 막말하는 남편, 대화를 단절해버린 아들, 뒷담화하는 이웃, 말이 통하지 않는 시어머니, 매정한 며느리와의 갈등 등으로 괴로움을 겪는 사람이 많았습니다. 그들 대부분이 내 진심을 몰라주고, 내 뜻과 다르게 생각하고 행동하는 상대를 이해할 수 없어 너무 괴롭고 답답하다고 호소하고 있었어요. 안타까웠습니다.

그런데 질문자와 스님의 대화를 귀 기울여 듣고 있노라면 질문자가 어떤 생각의 틀에 갇혀 있는 건 아닐까 하는 생각이 들었습니다. 그 틀 속에서 대부분이 자신을 '피해자'로 설정하고, 괴로움을 유발하는 대상을 '가해자'로 설정하고 있었죠.

법륜 스님은 대화를 통해 질문자의 생각의 방향을 바꾸

내 마음을 돌보는 시간

려고 시도하고 있었습니다. 즉, 생각의 전환을 도와주려는 거죠. 당연히 쉽지는 않았습니다. 오랫동안 가지고 있던 관점을 짧은 대화만으로 바꾸기는 어려울 테니까요. 그럼에도 한 발짝 떨어진 입장에서 볼 때 이런 생각이 선명하게 들었습니다.

'아, 다들 자기 세상 속에 살고 있구나. 어쩜 우리는 모두 다른 세상에 살고 있는 것이 아닐까?'

그리고 나 또한 어떤 고정된 생각으로 나를 괴롭히고 있었을지도 모른다는 걸 어렴풋이 깨달을 수 있었습니다.

아들의 일상을 관찰하며 어머니들이 함께 얘기를 나누는 텔레비전 예능 프로그램 〈미운 우리 새끼〉에서 생긴 유행어가 있죠.

"쟤가 도대체 왜 저럴까?"

한 어머니가 자신이 낳고 길러낸 아들이지만 그의 행동을 도저히 이해할 수 없어서 방송 중에 몇 번이고 내뱉은 말입니다. 그런데 이 말은 모든 사람의 마음속에 있는 말이 아닐까요?

모두가 각자의 우주 안에
살고 있다

모든 사람은 자아가 형성되면서 자기만의 세계를 하나씩 갖게 됩니다. 내가 주인공인 나만의 우주입니다. 모두가 각자의 우주 속에서 살고 있어요. 자신만의 세계에서 '나'는 언제든 옳습니다. 나만의 세계에서는 내가 타인을 보는 방식이나 그들에 대한 판단과 평가 모두 문제되지 않습니다. 하지만 타인과의 만남에서도 나만이 옳다고 믿을 때 문제는 발생합니다. 그건 우주와 우주의 충돌이며 온갖 괴로움이 생성되는 지점입니다.

이 우주를 다른 말로 하면 '주관적 세계'라고도 합니다. 내가 보는 모든 건 내 마음에 의해 재구성된 주관적 세계일 뿐입니다. 이것은 서구사상인 관념론*의 생각이자 인도경전에 등장하는 범아일여梵我一如** 사상의 내용이기도 합니다. 내 마음을 떠나서는 어떤 것도 존재할 수 없다는 사상입니다.

＊　세계라는 실체가 정신으로부터 독립되어 존재할 수 없다는 철학적 입장. 마음이 물질세계를 형성하는 근원이라고 본다.
＊＊　고대 인도의 경전 《우파니샤드》의 중심 사상. 우주의 근본 실체와 개별적 자아가 궁극적으로 같은 것이라고 본다.

　　　　　　　　　　　　　　　　　　내 마음을 돌보는 시간

다음처럼 생각하면 더 쉬울 듯합니다. 우리 모두는 타인을 이해할 때 자기만의 필터를 거쳐서 그 사람을 이해할 수밖에 없어요. '김철수'라는 한 사람을 놓고 A와 B가 완전히 다르게 파악할 수 있는 겁니다. A가 보는 김철수는 선하고 지혜로운 사람이지만, B가 보는 김철수는 계산적이고 간사한 사람일 수 있어요. 그러면 진짜 김철수는 어떤 사람인가요? A가 보는 김철수도, B가 보는 김철수도 진짜일 수 있어요. 다만 전체가 아닌 김철수의 일부분일 뿐입니다. 각자의 시선으로 본 김철수만 존재할 뿐인 거죠.

왜 이렇게 다를 수밖에 없는지 조금 더 들어가 볼게요. 모든 개인에게는 저마다 다른 경험, 핵심감정*, 욕구, 믿음이 있습니다. 그런 요소들이 모여 세상과 사람을 바라보는 방식에 영향을 줍니다. 예를 들어 A와 B의 내면은 아래와 같은 내용을 가지고 있어요.

A의 내면

경험: 어린 시절 부모님이 원하는 대로 행동하지 않으면 날카

---

* 어렸을 때 중요한 사건으로 형성되었으나 해소되지 못한 감정을 뜻한다. 무의식적이고 습관적인 정서적 반응으로 삶에 지속적으로 영향을 미친다. 외로움, 분노, 연민, 열등감, 억울함 등 다양하다.

로운 비난을 들었다.

핵심감정: 두려움

욕구: 타인을 만족시키고 싶다.

믿음: 누군가의 요구를 거절하면 나는 위험해질 수 있다.

B의 내면

경험: 부모님이 아픈 형을 돌보느라 내게 충분한 관심을 주지 않았다.

핵심감정: 외로움

욕구: 관심을 받고 싶고, 존재감을 인정받고 싶다.

믿음: 대단한 존재가 되지 않으면 내가 좋아하는 사람에게 버림받을지도 모른다.

A의 마음 속에 있는 것과 B의 마음 속에 있는 것이 이렇게 다르니 동일한 사람을 대하면서도 다른 해석이 생길 수밖에 없습니다. 즉, 경험, 감정, 욕구, 믿음이 모여서 타인을 바라보는 하나의 안경이 되는 겁니다. 이 안경을 투사라고 할 수 있습니다. 투사란 대인관계나 어떤 상황에서 자신의 심리 상태나 성격이 반영되는 것을 뜻합니다. 우리는 자신의 세계에서 만나는 모든 사람과 상황에다가 투사를 합

내 마음을 돌보는 시간

니다. 열등감, 공격성, 두려움은 투사되기 좋은 요소입니다. 여우의 눈엔 여우가, 곰의 눈에는 곰이 보이는 겁니다. 낙천적인 사람의 눈에는 세상이 즐거운 곳으로, 걱정이 많은 사람의 눈에는 세상이 걱정거리로 보이는 것도 당연할 테고요.

가장 가까운 관계인데도 서로를 가장 이해하지 못하는 경우가 많습니다. 그들 사이에는 훨씬 더 많은 감정과 욕구들이 반영되기 때문입니다. 보통 부모가 자식에게 왜곡된 투사를 하기 쉽죠. 자신의 열등감을 담아 큰 기대를 하는 거예요. 내심 스스로가 보잘것없고 내세울 것이 없다고 생각하는 부모는 자신이 이뤄내지 못한 욕망과 기대를 자녀에게 투사해 성적에 집착하거나 자녀의 인생을 조종하는 식으로 행동합니다. 자신의 결핍을 자녀를 통해 해소하려고 하는 거죠. 그것이 부모와 자녀 간 갈등이 되는 경우는 무수히 많습니다. 또 연인 관계는 어떤가요. 애인에게 자신이 평소 가지고 있던 환상과 욕구를 투영하기도 합니다. 애정이 식어버릴지 모른다는 두려움이나 바람을 피웠던 자신의 경험을 투영하여 상대를 지나치게 구속하거나 의심하기도 하죠.

중요하지 않은 관계일수록 떼어놓고 생각하기 쉬운 반

면에 가족이나 부부, 연인, 가장 친한 친구에 대해서는 거리를 조절하지 못해 자신의 내면이 훨씬 더 강하게 투사됩니다. 그리고 거기서 엄청난 갈등이 초래되죠. 이 때문에 아무리 가까운 관계라고 하더라도 그 안에서 '외로움'을 느낍니다. 타인이 나를 있는 그대로 봐주지 않으니 소외되는 기분을 느끼는 거죠.

내가 가진 그릇만큼
타인을 보게 된다

만남이라는 자극을 통해 우리 내면에는 저마다 반응이 일어납니다. 타인을 보며 누군가는 흠을 찾고, 누군가는 자신의 처지와 비교합니다. 또 누군가는 타인을 거울로 삼아 자신을 다듬는 기회로 삼습니다. 이 때문에 한 사람에 대해서 여러 사람이 각자 다른 의견을 내놓는 것도 당연한 거죠. 모두가 자기 그릇만큼만 타인을 볼 수 있습니다. 내 그릇에 무엇이 담겨 있는지에 따라서 타인은 적대자가 될 수도 협력자가 될 수도 있는 거예요.

그렇기에 다른 세계와의 만남이 괴로움이 되지 않도록

두 가지를 꼭 기억해두면 좋겠습니다.

첫 번째로 기억할 것은 누구와 관계를 맺더라도 우주와 우주의 충돌이라는 점입니다. 내 속으로 낳은 자식이어도, 20년을 넘게 같이 살아온 부부라고 해도 예외는 없습니다. 만약에 그 사람과 내가 서로를 잘 이해하고 갈등 없이 잘 지내고 있다면 그건 행운입니다. 그러나 갈등 속에 있다고 해도 잘못된 관계라거나 악연은 아닌 거예요. 모든 관계가 우주와 우주의 충돌이니 이해할 수 없는 건 당연한 겁니다. 애초에 우리는 결코 같은 길을 걸을 수 없는 건지도 모릅니다. 각자의 길을 걷되, 타인이 가는 길을 상상해보고 이해하려 애쓰는 과정만이 있을 뿐이죠.

이와 연결해서 두 번째로 기억할 점은 상대방에 대한 '물음표'를 잃지 말자는 겁니다. 우리는 대개 가까운 사람일수록 그 사람에 대해서 이미 결론을 내린 채로 살아갑니다. 그 사람은 어떠어떠하다며 자기만의 정의를 내려버리는 거죠. 내가 그 사람을 가장 잘 알고 있다고 믿으면서요. 그리고 이미 결론을 내버린 그 사람과 끝없는 갈등을 겪으며 투쟁하며 살기도 해요. 하지만 아무리 친밀한 사람이라 해도 '물음표'의 상태로 계속 둘 수 있다면 많은 것이 달라질 수 있습니다.

상대방을 물음표의 상태로 둔다는 건 함부로 판단하지 않겠다는 뜻입니다. 동시에 그 상대에 대해 더 호기심을 갖겠다는 뜻이기도 합니다. 내가 아무리 상대방과 오랜 시간을 함께했어도 여전히 상대에 대해 모르는 게 많다는 걸 스스로 인정하며 사는 겁니다. 나의 세계 속에서 그 사람을 닫아버린 상태로 두는 게 아니라 입체적이고 변화할 수 있도록 열어두겠다는 거죠. 그러면 관계는 멈추지 않고 변화해갈 것입니다.

우리가 무엇을 보든 그건 진짜가 아니라 내 마음의 반영일 뿐이라는 사실을 받아들일 수 있다면 언제든 타인을 통해 스스로를 비춰볼 수 있습니다. 그리고 함부로 타인에게 내 욕구를 강요하지 않게 될 거예요. 나의 잘못된 기대로 인해 타인에게 쉽게 실망하는 일도 줄어들 거예요.

내 인생에서만큼은 내가 주인공입니다. 많은 이들이 주인처럼 살지 못하고 있다지만 이건 명백한 사실이에요. 그건 어느 누구도 바꿀 수 없습니다. 태어남과 동시에 나를 중심으로 한 우주가 하나 생겨났습니다. 그 사실은 천만다행인 겁니다. 하지만 그렇기 때문에 타인과 필연적으로 갈등을 겪을 수밖에 없습니다. 타인은 내 우주를 살아보지도 완벽히 이해하지도 못하니까요. 나 역시 타인의 우주를 이해하지 못하는 건 마찬가지고요.

내 뜻대로 되지 않는 타인을 마주하며 살아가야 한다는 것을, 그게 어쩔 수 없는 괴로움이라는 것을 받아들이며 살 수 있다면 함께 걷는 이 길이 조금은 덜 고되지 않을까요.

2
장

마음의 운전대를
빼앗기지 않으려면

산만하고 불안정한
마음 돌보기

마음의 운전대를
사수하라

자율주행을 하는 자동차가 나왔다고 합니다. 내버려두
면 자동차가 알아서 목적지까지 안전하게 데려다주니 참
좋은 세상이죠? 그런데 마음은 그렇지가 않습니다. 가만히
내버려두면 더 불안해지고 더 산만해집니다. 평소에 인간
의 마음은 자율주행모드로 작동되고 있습니다.

'생각은 스스로 생각한다'는 말이 있어요. 기억하고 싶
지 않은 일인데 계속 머릿속을 차지하고 있는 경우가 많
지 않나요? 생각에 생각이 꼬리를 물어 잠을 못 이루는 경

우는요? 수업에 집중하고 있는데 어느새 상념에 빠진 일은요? 이처럼 생각은 제멋대로예요. 이것이 문제를 일으킵니다. 마음의 운전대를 놓는 순간, 우리는 위태로워집니다. 생각에게 스스로를 잠식당하고 맙니다. 그래서 마음의 운전대를 쥐는 연습을 해야 합니다. 운전대를 함부로 방치하거나 타인에게 내맡기지 마세요.

1장 '현대인의 이유 있는 괴로움' 편에서, 원시시대에는 우리가 생존하는 데 도움을 줬지만 현대에는 괴로움을 주고 있는 세 가지 특성으로서, '주의산만함, 불안감, 부정적인 경향성'을 꼽았습니다.

이 세 가지 특성만 없었어도 우리는 살기가 훨씬 수월했을 겁니다. 쓸데없는 걱정거리에 마음을 빼앗기지 않고, 다가올 미래를 불안해하지도 않고, 뭐든 긍정적으로 생각하며 기분 좋은 정보를 민감하게 알아차린다면 괴로울 틈도 없지 않을까요?

그렇다면 마음의 평온을 되찾기 위해서는 이 세 가지 특성과 반대되는 다음의 기능을 강화시켜야 할 필요가 있겠지요.

- 내게 좋은 것에 주의를 집중하는 것

- 나를 위한 긍정적인 감정을 '선택'하는 것
- 피로운 것을 흘려보내고 좋은 생각을 강화하는 것

이것만 가능해진다면 마음이란 녀석이 우울과 불안에서 헤엄치거나 분노와 한 몸이 되지 않을 겁니다. 좋은 것만 취하게 될 테니까요. 그런데 이 작업은 자율주행모드에서는 불가능합니다. 우리는 자율주행모드를 꺼야 합니다. 마음이 제멋대로 작동하도록 내버려두는 게 아니라 주인인 내가 운전대를 꽉 사수하는 거죠. '내가 주인이다!' 하고 확실히 해두는 거예요.

마음의 운전대를 놓치지 않기 위해서 이 세 가지를 실천해보기를 권합니다.

(1) 의도적으로 덜 보고 덜 듣기(자극 줄이기)

뇌가 피로해지면 자동모드로 가게 됩니다. 체력이 달리면 힘을 쓸 수 없는 것과 같아요. 계속 산만한 상태에 있고, 긴장 상태에 있고, 수많은 자극을 받아들이다 보면 뇌는 피로해집니다. 그러면 내게 이로운 쪽으로 작동할 확률이 낮아지고요.

그래서 자극을 의도적으로 차단할 필요가 있어요. 현대

인의 마음을 산만하게 만드는 가장 큰 주범이 핸드폰과 인터넷이죠. 인터넷을 하면 짧은 시간 안에 수많은 정보 자극이 들어오기 때문에 뇌는 이걸 처리하느라 에너지를 많이 쓰게 됩니다. 휴식을 취할 때 핸드폰을 많이 열어보는데 그건 진정한 휴식이 될 수 없어요. 시간을 정해서 핸드폰을 꺼두거나, 지하철이나 버스에 있는 이동 시간에는 핸드폰을 보지 않는 습관을 들이면 좋겠습니다.

잠깐 눈을 감고 있는 것만으로도 자극을 제한하기에 충분합니다. 많은 감각 자극 중에 눈에 들어오는 자극이 가장 크고 또 강렬합니다. 공부나 업무를 하다가 10초만이라도 눈을 감고 호흡에 집중해보세요. 그것만으로 에너지가 충전되는 것을 느낄 수 있을 겁니다.

(2) 생각을 바라보기(생각의 힘을 약화시키기)

생각을 그저 바라보세요. 생각은 제멋대로 흩어지고, 또 꼬리에 꼬리를 물고 여기저기로 날뛰고 있을 겁니다. 거기에는 원치 않는 생각도 있을 거고요, 걱정해봐야 해결될 리 없는 걱정거리도 있을 겁니다. 그것들을 몰아낼수록 나는 평온해질 수 있겠죠. 그럴 때 칼을 들고 무섭게 쫓아내려 할 게 아니라, 관대한 마음으로 그저 가만히 그 생각을 바

내 마음을 돌보는 시간

라보세요. 마치 모니터 속의 영상을 바라보는 듯이요.

어느 것도 붙잡지 않아야 합니다. 나를 차버린 애인을 붙잡으려 하면 할수록 비참해지듯이 마음도 집착할수록 점점 더 괴로워집니다.

'놓아두는 것, 바라보는 것, 바꾸려 하지 않는 것'이 바로 생각에게 해야 할 태도입니다.

귀여운 이웃집 아이를 관찰하듯이 그저 바라보면 됩니다. 아이에게 잔소리를 하면 아이는 울고 떼를 쓸 거예요. 그냥 바라보세요. 생각을 가만히 바라보면 그 생각은 힘을 잃게 됩니다. 만약 '좋다', '싫다'와 같은 판단이 든다면, '하늘은 파랗다' 혹은 '사과는 빨갛다'와 같은 중립적인 문장을 되뇌면 조금 도움이 될 겁니다.

평소 우리는 '판단하기'에 강력한 습관이 들어 있기 때문에 아무 판단도 하지 않고 바라보는 게 쉽지 않을 수도 있어요. '이건 좋아, 저건 싫어, 쟤는 못생겼어, 나는 쭈구리야' 같은 판단이 담긴 생각은 나를 피로하게 할 뿐입니다. 판단을 내려두고 생각 그 자체만을 바라보세요. 생각에 끌려가지 않고 그저 가만히 바라보는 거예요.

(3) 나의 뇌가 야생에 길들여져 있음을 기억하기

불안이 높은 분들에게 특별히 당부하고 싶은 내용입니다. 불안감은 생명을 지켜주는 시그널이라고 말씀드린 걸 기억하나요? 앞서 설명했던 것처럼 우리의 뇌는 생존을 확보하기에 최적화되어 있습니다. 그런데 그것은 원시시대 환경에 알맞은 최적화죠. 진화되긴 했지만 석기시대의 뇌를 여전히 우리는 가지고 있는 셈입니다.

뇌는 우리의 목숨을 지켜주려고 불안 경보를 자꾸만 울립니다. 하지만 원시인에게 불안을 일으키는 원인이 생명을 위협하는 포식자의 침입이었다면, 현대인에게 불안을 일으키는 요인은 원고의 마감, 타인의 시선, 시험, 과제 같은 것으로, 생명을 위협하지 않는 문제들입니다. 그러니 불안 때문에 더 불안해하지는 마세요. 현대인의 일상에는 생명을 위협하는 요인이 거의 없습니다. 그러니 경계 상태로 긴장해 있을 필요가 없습니다. 충분히 평온해져도 괜찮아요.

계속 불안해하고 그 불안 때문에 다시 스트레스를 받는다면 우리는 그것 때문에 죽어버릴지도 모릅니다. 원시시대에는 스트레스 때문에 죽는 사람은 없었지만, 현대에는 스트레스가 우리의 생명을 위협하는 주범이 되고 있잖아요. 그러니 기억하세요. 나의 뇌가 야생에 길들여져 있음을. 아무리 불안감이 올라와도 내 생명에는 아무 지장도 없음을. 칭얼거리는 불안을 그저 살살 달래서 다시 잠재우기만 하면 됩니다. 불안에 떨고 있는 마음에게 '괜찮아, 나 안 죽어, 나를 지켜줘서 고마워' 하고 잘 보내주세요. 그리고 해야 할 일에 차분히 주의를 기울여보세요.

마음에도 휴식이
필요합니다

휴식도
'잘'해야 한다고요?

〈휴식의 기술〉이라는 다큐멘터리를 보았습니다. 과로와 스트레스에 익숙한 현대인의 모습이 보입니다. 현대인은 휴식에 서툴러요. 적당히 살아내기에도 어려운 사회에서 늘 성취에 대한 강박, 자기계발에 대한 의무감에 쉼 없이 엔진을 돌려야 하죠. 거기에 휴식마저도 '잘'해내야만 하는 또 하나의 일이 되어버렸습니다.

휴식은 쉼입니다. 여백의 시간입니다. 일상의 일부가 아니라 일상에서 분리되어 나와야 하는 거죠. 저는 입시, 학업, 취업 같은 과제 앞에서 늘 마음이 문제였습니다. 자주 넘어지고 걸핏하면 동굴 속에 들어가려고 했어요. 이 마음이란 놈이 늘 발에 치이는 돌멩이처럼 걸리적거렸습니다. 그렇게 심약하고 쭈굴쭈굴한 마음을 데리고 다니며 늘 소진된 상태로 있었죠. '휴식을 제대로 하지 못해 생긴 문제'였다는 생각이 듭니다. 마음을 관리한다는 건 결국 마음에게 적절히 휴식을 주는 것과도 같으니까요. 마음을 쉬게 함으로써 안정을 찾을 수 있죠.

저를 힘들게 하는 마음을 돌보기 위해 20대부터 '불안'에 관한 책을 모조리 읽는가 하면, 명상, 요가, 달리기, 심리상담 등 마음의 안정에 도움이 될 만한 것을 다양하게 시도했습니다. 그중 가장 효과가 좋았던 것을 꼽으라면 단연 '명상'입니다. 지금도 매일매일 명상을 하고 있고요. 명상은 '마음챙김'을 위한 최적의 방법이기도 합니다. 실제로 불교의 수행법인 위빠사나vipassanā 명상*이 서구로 건너가 심리치료로 활용되고 있는 것이 바로 마음챙김이지요. 마음챙

---

* 주관을 개입시키지 않고 주체와 객체를 분리하여 바라보는 명상. 일상에서 벌어지는 고통스러운 사건을 낯설게 분석하면 그 사건으로 인한 고통, 즉 자기 비하와 비관을 막을 수 있다고 본다.

김과 호흡명상이 마음의 힘을 기르는 원리는 간단합니다.

마음챙김은 내 마음 안에 일어나는 모든 일을 판단 없이 알아차리는 것인데, 이렇게 의도적으로 자신의 내면을 관찰하는 시간이 늘어나면 주의력이 길러집니다. 호흡명상은 오로지 단 한 가지, '내 호흡'에만 집중하면서 주의력을 훨씬 강력하게 끌어올리는 것입니다. 이렇게 주의력을 기르면 상념이 사라져 그 자체로 마음이 차분해집니다. 내가 원하는 곳에 주의를 가져다 놓을 수 있는 힘, 메타인지meta-cognition* 능력이 길러지면서 나를 괴롭히는 생각에 노출되었을 때도 금방 빠져나올 수 있게 됩니다. 그러면 마음이 산만해지는 빈도가 낮아지고, 불편한 감정에서 힘들이지 않고 벗어날 수 있게 됩니다.

마음을 고요하게 만드는
독서법

호흡명상이 호흡에 집중함으로써 마음의 안정을 찾는

---

* 자신의 인지 과정에 대하여 한 차원 높은 시각에서 관찰·발견·통제하는 정신 작용을 말한다.

거라면, 독서는 문장에 집중함으로써 마음의 안정을 찾는 일종의 명상이라 할 수 있습니다. 호흡명상이 단 5분만으로도 마음을 가라앉히는 효과를 주는 것처럼 독서 또한 긴 시간이 필요하지 않습니다. 그렇기에 책 읽을 시간이 없다고 처음부터 독서를 포기해서는 안 됩니다.

독서로 마음을 고요하게 하는 방법은 간단합니다. 마음이 산만하고 싱숭생숭할 때 우선 좋아하는 책을 고르세요. 그리고 책을 펼친 다음에 한 문장씩 마음을 기울여 읽기 시작합니다. 분명히 몇 줄 안 가서 걱정거리로 인해 주의가 산만해지겠죠. 나를 싱숭생숭하게 하는 그 문제가 계속 떠오를 거고요. 괜찮습니다. 내가 그 생각에 마음을 뺏겼다는 것을 알아차렸다면 다시 문장으로 돌아오세요. 읽은 내용이 기억나지 않는다면 다시 첫 문장으로 되돌아가면 됩니다. 빨리 읽는 게 목표가 아니니까요. 10분, 아니 5분도 좋습니다. 이 과정을 계속 반복하는 겁니다.

어때요, 어렵지 않죠? 그런데 꼭 주의할 점이 있습니다. '완독해야 한다', '빨리 읽어야 한다'는 식의 생각은 금물입니다. 우리가 원하는 건 마음의 휴식일 뿐 독서로 만리장성을 쌓을 게 아니니까요. 마음의 휴식을 취하려 독서를 시작한 것임을 잊지 마세요. 그렇지 않으면 자꾸만 일하는 방식처럼 독서를 하려고 들 것입니다. 책으로 무급 노동은 하지 마세요.

일상에서 빠져나와
문장에 잠깐 머무르기

독서 명상을 하는 목적은 바쁜 일상과 이런저런 심란한 문제로부터 빠져나와 의식을 책 속에 잠간 머물게 하는 데 있습니다. 이렇게 원할 때 인제든 일상으로부터 잠간씩 떨어져 나올 수 있는 것만으로도 우리 마음은 안전해질 수 있습니다.

많은 사람이 스트레스에 못 이겨 술과 담배로 도망치는 걸 봅니다. 하지만 책으로 휴식을 하는 게 습관이 되면 건강을 해치지 않고도 마음을 다스릴 수 있습니다. 후유증이나 죄책감도 없죠.

가끔 그런 생각을 합니다. '내 마음이 좀 더 단단했더라면 더 멋진 사람이 되지 않았을까? 어떤 일에도 무너지지 않고, 어떤 사람에게도 상처받지 않을 수 있다면 더 많은 걸 성취하지 않았을까?' 하고요. 그렇지만 그건 제가 아니겠죠. 게다가 정도만 다를 뿐 모든 사람이 비슷한 심리적 문제를 안고 살아가고 있습니다. 나만 그런 게 아니라고 생각하면 조금 위안이 되기도 해요.

다른 누구도 아닌 내 마음이 나를 위태롭게 만들 때, 독서처럼 마음의 안정을 되찾게 하는 습관을 가지고 있다면 안심할 수 있습니다. 언제든 그 습관으로 도망쳐서 나를 다시 일으키면 그만이니까요. 기분은 언제라도 바람이 불고 비가 오고 어두워질 때도 있겠지만, 나에게는 우산이 있고, 불을 밝힐 수 있는 지혜도 있으니 두려워할 필요가 없습니다.

그렇기에 하루 중 단 몇 분이라도 일상과 분리되어 쉬는 일을 주저하지 않으셨으면 좋겠습니다. 명상이 낯설게 느껴지신다면 책을 통해서 잠깐씩 쉬어가세요. 그러면 명상만큼이나 마음에 큰 쉼이 될 것입니다. 그렇게 휴식을 통해 에너지를 충전한 뒤 씩씩하게 다시 '해야 할 일'로 돌아가세요. 여러분의 고요한 휴식을 응원합니다.

호흡명상법

편안한 자세로 앉아서 눈을 감고 들숨과 날숨에 집중합니다. 분명히 몇 초 지나지 않아 상념이 떠오를 겁니다. 괜찮습니다. 호흡이 아닌 샛길(상념)로 빠져들었다는 걸 알아차렸다면 그 순간 다시 호흡으로 돌아오세요.

샛길로 자꾸 빠진다고 해서 '나는 명상을 제대로 못하고 있어. 난 글렀어!'라고 스스로 타박할 필요가 전혀 없습니다. 왜냐하면 '누가 오래오래 호흡에만 집중할 수 있나'를 테스트하는 게 아니거든요. 그보다는 '다시 호흡으로 돌아오는 법'을 연습하는 거라고 생각하면 좋습니다.

마치 놀기 좋아하는 아이가 집 밖을 나갔다가 다시 돌아오고, 또 다음날 집 밖을 나가 놀다가 집으로 다시 돌아오고 하는 모습과 같습니다. 우리의 주의력은 계속해서 떠돌 것이고, 상념은 계속 떠오를 것이고, 이런저런 감정이 불쑥불쑥 느껴질 것입니다. 그러면 그게 무엇인지 확인한 후 다시 호흡으로 돌아오세요. 그러면 됩니다.

너무 애쓰지 마세요. 계속 샛길로 벗어난다고 해서 초조해할 필요도 없습니다. 5분 혹은 10분만이라도 정해진 시간 동안만 계속 '알아차린 뒤에 다시 호흡으로 돌아오기'만 하면 되는 겁니다. 이 작업이 반복될수록 주의력을 내 의도대로 쓸 수 있는 힘이 길러지고, 집중력이 길러집니다.

호흡명상을 하는 동안에 다음과 같은 과정이 반복될 거예요.

호흡에 집중한다. → 좋아하는 민서가 생각난다. → 앗, 호흡에서 벗어났네. 다시 호흡으로 돌아가야지. → 호흡에 집중한다. → 어디서 삼겹살 냄새가 나는 것 같네? 삼겹살 먹고 싶다. → 앗, 샛길로 들어섰군. 다시 호흡으로 돌아가야지. → 호흡에 집중한다. → 내일까지 과제 제출해야 하는데 다 할 수 있을까? → 앗, 또 벗어났네. → 호흡으로 돌아가야지.

불안 속에 몰아넣는
뇌를 조련하자

마음은 찰나를
먹고 자란다

상처받았던 기억만 곱씹고 사는 사람의 마음은 자라날 수가 없습니다. 상흔의 자리를 확인할 뿐이죠. 새살이 돋아나게 하거나 흉터를 지울 힘이 없어요. 마찬가지로 미래를 걱정하는 사람의 마음도 성장할 수 없습니다. 불안이 잡초처럼 무성하게 자라날 뿐이에요.

마음챙김은 과거나 미래에 빠져서 허우적거리는 대신에 그 생각을 하는 '현재의 나'를 바라보게 합니다. 내 마음속 텔레비전에서 어떤 채널이 주로 켜져 있는지를 알아차리게 하죠. 단 2분만 눈을 감고 호흡에 집중해보세요. 그 2분 동안 끼어든 생각이 평소 당신이 자주 빠지게 되는 생각의 샛길입니다.

매일매일 마음속 영상을 확인하면서 제가 놀랐던 건, '똑같은 생각을 반복해서 한다는 것'과 '원치 않는 생각에 오히려 더 오래 빠져 있다는 것'이었습니다. 그나마 다행인 건 나만 그런 게 아니라는 것이었어요.

대부분의 인간이 해결되지도 않는 고민거리를 계속 안고 있고, 자신을 괴롭게 하는 생각에 오래 빠져 있는 습관이 있습니다. 내버려두면 부정적 자극에 쉽게 끌려가는 마음의 특성 때문입니다. 앞에서 말씀드렸던 '부정적 경향성' 때문이기도 하고요. 즉, 마음의 습관인 거죠. 진화하면서 '생존'만이 곧 행복인 줄 알았던 뇌는(아니, 사실 뇌는 행복을 몰라요!), 긍정적인 자극보다 부정적인 자극에 더 적극적으로 반응할 수밖에 없습니다. 그 옛날 선조들이 위험 요소(이를테면 뱀이나 호랑이)를 빠르게 파악하여, 싸울지 도망갈지를 판단하기 위해 적응해온 흔적인 거죠. 원시의 환경에 꼭 맞게 진화한 뇌라는 녀석은 현대의 도시가 얼마나 안전한지에 관심이 없습니다. 또는 AI(인공지능) 따위가 인간의 자리를 대체하게 될지에도 관심이 없습니다. 이제 인간을 위협하는 게 맹수가 아니라 막연한 미래라는 사실 또한 뇌는 모르고 있죠.

그런 뇌를 우리는 어떻게든 잘 달래고 조련할 수밖에 없습니다. 겁내고 소심하게 움츠러들기보다는 마음의 근육을 키워야 합니다. 단단해진 마음으로 바라보면 세상은 거친 야생이 아니라, 꽤나 즐거운 곳이기 때문이에요.

우리는 과거나 미래만 먹고서는 자라날 수 없습니다. '지금 이 순간' 현재를 오롯이 경험하지 못하고, 상념에 빠져 있기만 하다면, 또 그게 지속된다면 마음은 부실해질 수밖에 없어요. 마치 자극적인 불량식품만 먹어대는 몸과 같아요.

우리가 현재에 머무르지 못하는 가장 큰 이유는 '상처받고 싶지 않다'는 욕구에 있습니다. 누구든지 편하게 살고 싶고, 고통은 피하고 싶어 합니다. 하지만 '괴로움'을 회피할 대상으로 설정하는 데에서 더 큰 고통이 시작됩니다.

내가 과거에 얼마나 상처를 받았는지 이해받으려 애쓰고, 다시 상처받지 않기 위해 일어나지도 않은 일들을 끊임없이 시뮬레이션하기도 합니다. 이렇게 스스로를 '피해자'

내 마음을 돌보는 시간

로 남겨두는 시간 동안에는 지금 현재의 것들을 온전히 느낄 수가 없습니다. 내 상처가 아닌, 주위의 아름다운 것들에 눈을 돌리지 못하는 겁니다. 벚꽃도 단풍도 볼 수 없죠. 지금 이 순간으로 우리를 초대하는 수많은 손짓을 놓치게 되는 겁니다.

현재에 살기 위해
'고통'과의 관계를 바꿔야 한다

여러분이 고통과 어떤 관계를 맺고 있는지 궁금합니다. 좋은 관계를 유지하고 있나요? 우리가 삶에서 느끼는 괴로움은 지극히 자연스러운 것입니다. 넘어지면 아프고, 헤어지면 슬픕니다. 슬픔과 불안이 없는 사람을 '자연스럽다'라고 하지는 않죠.

인지행동치료CBT*의 제3동향인 '수용전념치료ACT'에서

---

* 인지행동치료Cognitive Behavioral Therapy는 왜곡된 인지구조와 부적응적 행동을 수정하는 방식으로 심리 문제에 개입하는 치료 방법이다. 1세대는 행동치료, 2세대는 인지치료이며, 3세대 중 하나가 바로 마음챙김과 수용을 기반으로 한 수용전념치료Acceptance and Commitment Therapy이다.

는 고통을 통제나 제거할 대상으로 보지 않는 데에서부터 마음을 치료하는 게 가능하다고 봅니다. 괴롭지 않은 상태를 정상으로 보는 게 아니라 괴로운 상태를 정상으로 보는 거죠. 이를 '고통의 정상성'이라고 표현해요. 심지어 고통을 받아들이는 게 괴로움을 겪지 않을 단 하나의 방법이라고 말합니다. 다소 낯선 생각이죠. 하지만 고통을 적극적으로 받아들일 때 비로소 괴로움으로부터 자유로울 수 있다는 건 틀린 말이 아닙니다. 자연스럽게 받아들일 수밖에 없는 것들을 싫어하고 밀어낼수록 그것으로부터 자유로워질 수 없을 테니까요.

이는 실존적 심리학에서 등장하는 신경증적 불안과 구분되는 '정상적 불안'을 떠올리게 합니다. 불안이라고 해서 모두 건강에 해로운 게 아닙니다. 상황에 부합하는 자연스러운 불안은 적절한 반응입니다. 정상적 불안은 치료해야 할 대상이 아니라, 인간의 성장을 돕는 자극제입니다. 또한 정상적 불안을 통해서 우리는 비로소 변화를 준비하기도 하고요.

그런데 이런 정상적인 반응으로서의 불안조차 회피하려고 하고, 상황과 타인을 통제하려고 애쓰기 때문에 고통이 더욱 커지는 결과가 발생합니다. 우리는 나 아닌 어떤

내 마음을 돌보는 시간

것도 통제할 수 없으므로 그 결과는 당연합니다.

　결국 우리는 고통도 기쁨과 마찬가지로 삶의 여정에서 자연스럽게 마주해야 할 대상이라는 걸 받아들여야 해요.

괴로움을 끌어안는 진정한 운명애, 아모르파티

　만약 지금 우리 삶이 영원히, 무한히 반복된다면 어떨까요? 지금 이 순간이 다음 생애와 그다음 생애에도 동일하게 끝없이 반복된다면, 그래서 지금의 기쁨뿐만 아니라 모든 괴로움을 무한히 다시 만나야 한다면 우리는 어떻게 살아야 할까요?

　독일의 철학자 프리드리히 니체Friedrich Nietzsche는 영원회귀* 사상을 통해 이 순간이 이미 수없이 반복되어왔고, 앞으로도 그럴 거라고 말합니다. 또 그런 삶의 조건 안에서 내게 주어진 운명, 즉 기쁨과 슬픔, 괴로움까지 모두 긍

＊　니체 철학의 근본 사상이라 할 수 있다. 과학적으로 증명하는 개념이라기보다 니체의 체험적 사상에 가깝다. 삶을 온전히 긍정하고 사랑하는 운명애로 연결된다.

정하고 사랑해야 한다고 이야기하죠. 다시 말해, 나 자신과 내게 주어진 모든 운명에 대한 사랑인 운명애運命愛, Amor fati 를 말하고 있습니다. 김연자 씨의 〈아모르파티〉라는 노래로 더 유명해진 바로 그 운명애요! (산다는 게 다 그런 거지. 누구나 빈손으로 와.)

나를 괴롭히는 조건들을 탓하는 대신에 그 모든 조건을 받아들이고 나아가 고통을 끌어안고 사랑하는 것이야말로 인간이 보여줄 수 있는 최선의 삶, 진정한 삶이라고 생각한 다는 점에서 수용전념치료에서 말하는 고통에 대한 시각 (고통을 받아들이는 게 괴로움을 겪지 않을 단 하나의 방법이라 는 시각)과 연결됩니다.

운명을 긍정하고 사랑한다는 건 무엇일까요? 괴로움을 끌어안는다는 것은 또 어떤 걸까요? 이렇게 질문을 던지기 시작하면 여전히 삶이 무겁게 느껴집니다. 하지만 그리 거 창하게 생각할 필요는 없습니다. 어차피 우리가 살아내야 할 것은 '거대한 삶'이 아닙니다. 그저 오늘 하루, 아니 지금 이 순간, 오직 찰나를 살면 되죠. 그러니 조금 가볍게 생각 해도 좋습니다.

높은 파도를
두려워 않는 서퍼처럼

경험해보신 분들은 아실 테지만, '죽어도 칼퇴를 해야 해!'라는 믿음에 사로잡히면 퇴근 무렵에 생긴 업무가 더 괴롭게 느껴집니다. 마찬가지로 '내 삶은 탄탄대로여야 해!'라는 생각이 시험 낙방이나 구직 활동을 더 고통스럽게 만들어요.

'나는 상처받고 싶지 않아. 나는 괴로움 없이 편하게 살 거야'라는 생각은 삶을 더 괴롭고 어렵게 만들 수밖에 없어요. 삶은 누구에게나 예외 없이 구불구불하고, 비탈길과 내리막길이 섞여 있다고 받아들이면 어떨까요. 그래서 어떤 길을 만나도 당황하지 않고 그럴 줄 알았다는 듯이 반갑게 맞이하는 겁니다. 높은 파도를 만나도 당황하거나 허우적대지 않고 스릴 있게 파도를 타는 서퍼처럼 말이죠.

구덩이나 비탈길이 불행이 아닌 삶의 일부라고 생각한다면, 높은 파도도 두려움 없이 즐기겠다는 마음을 가진다면, 그 사람에게는 모든 '현재'가 선물처럼 기꺼이 다가올 겁니다. 선물로 다가오는 모든 찰나를 맛있게 먹으며 살아갈 수 있을 겁니다.

내가 기꺼이 지금 이곳에 머무르기 위해서는 고통을 껴안겠다는 용기가 필요합니다. 쉽지는 않겠지만 용기를 내지금, 여기의 모든 즐거움과 괴로움을 기꺼이 만나면서 살아갈 수 있기를, 또 그렇게 마음을 튼튼하게 지키며 살아갈 수 있기를 진심으로 바랍니다.

　　우리의 운명은 겨울철 과일나무 같아 보일 때가 있다.
　　그 나뭇가지들이 다시 초록색으로 변하고 꽃이 필 것 같아 보이지는 않아도, 우리는 그렇게 되기를 소망하고 그렇게 된다는 것을 알고 있다.

_ 요한 볼프강 폰 괴테Johann Wolfgang von Goethe

우울과 분노에
잡아먹히지 않는 법

기질을 이기는
뇌의 유연성

    안타까운 소식과 희망적인 소식을 하나씩 알려드리겠습니다. 안타까운 소식은 상대적으로 심리적으로 취약한 사람들이 분명히 있다는 겁니다. 그런 사람들은 똑같이 슬픈 일을 겪더라도 우울의 강도가 더 높고, 공감 능력이 높아 남의 고통까지 내 고통으로 느끼고, 감정 동요를 더 크게 느끼죠. 낮은 자존감도 여기에 영향을 줍니다. 아무튼 외부 자극에 대한 반응이 훨씬 민감하게 일어나서 상대적으로 사는 게 녹록치 않은 분들이 분명히 있습니다. 저도 거기에 속합니다. 그래서 이 글을 쓸 수 있는 거죠.

그러면 이런 사람들은 유전자를 탓해야 하는 걸까요? 기질을 바꿀 수는 없을 테니까 말이죠. 희망적인 소식을 말씀드리면, 이 취약한 영역이 충분히 보완될 수 있다는 겁니다. 연습을 통해서 분명히 나아질 수 있습니다. 이렇게 단호하게 말씀드릴 수 있는 이유는 '신경가소성'이라는 뇌의 특징 때문인데요. 신경가소성이란, 뇌가 유연하고 순응적이기 때문에 경험에 의해서 변화될 수 있다는 것입니다. 다만 '노오력'의 시간이 필요할 뿐이죠. 그렇다면 신경가소성에 대해 좀더 알아보겠습니다.

우리는 태어난 기질에 따라서 습관적으로 행동을 하게 됩니다. 성장 환경이나 습관으로 인해 내 취약함이 더 견고해지기도 해요. 예를 들어, 겁이 많은 기질 때문에 무언가를 시도하지 않다 보니, 경험이 계속 제한되어서 더욱더 소심한 성격이 되는 겁니다. 하지만 의식적으로 새로운 경험을 연습하면 그쪽으로 신경회로가 새롭게 형성되고 더 반복하다 보면 그 회로가 강해집니다. 그러면 내가 의식하지 않아도 그 방향으로 행동하게 됩니다. 뇌신경에 새로운 습관이 만들어지는 거죠. 마치 짐승을 조련하는 것과 같다고

내 마음을 돌보는 시간

보면 됩니다. 습관을 만들어 뇌에 새로운 길을 만들어내고 그걸 단련시키는 거죠. 그러면 내가 의식하지 않아도 뇌가 자동적으로 내게 이로운 반응을 하게 됩니다.

우울에 취약한 사람을 예로 들면, 그런 사람은 자기비판적인 생각을 하는 습관이 원래부터 있을 거예요. 자기 말이나 행동에 대해서 스스로 자동적으로 비판하고 폄하하는 거죠. 하지만 그 자동적인 과정도 의식적으로 바꿀 수 있습니다. 물론, 쉽지 않기 때문에 '의식적으로' 해야 합니다. 스스로 자기 말과 행동에 대해 의도적으로 긍정적인 해석을 붙이고, 의도적으로 기분 좋은 생각을 떠올리는 겁니다. 처음에는 뇌가 '어라? 주인이 안 하던 짓을 하네'라면서 저항도 하고 피곤해할 거예요. (거기서 무너지면 안 돼요.) 하지만 계속 반복하면 그렇게 하는 데 더 익숙해져서 의식하지 않아도 긍정적인 해석과 생각이 따라붙을 겁니다. 그러면 뇌속에서 우울로 빠지기 쉽게끔 만들어진 길이 지워질 겁니다. 기존에 있던 신경회로가 약해지고 새로운 길이 열리는 겁니다. 마치 인적이 드물었던 산에 사람들이 계속해서 지나다니면 자연스럽게 길이 생겨나는 것과 같습니다.

이 신경가소성이라는 걸 믿고 본론으로 들어가볼게요. 감정조절을 어떻게 해야 좋을지 이제 그 방법을 알아봅시다. 특히 요즘 사회에서 가장 문제가 되고 있는 감정인 '우울'과 '분노'에 포커스를 두고, 두 가지 감정조절법을 소개하려고 합니다.

첫째, 감정을 싫어하지 마세요.

모든 감정은 옳습니다. 아니, 옳고 그름을 따질 필요도 없이 그저 '사실'입니다. 사람마다 상황마다 감정이 다르게 나타나고 강도가 다르게 나타날 뿐입니다. 내 안에 어떤 감정이 느껴진다면 그게 수치스러움이건 짜증이건 분노이건 그 자체로는 딱히 좋고 나쁜 게 없습니다. '긍정적인 감정'과 '부정적인 감정'으로 우리가 그냥 나누어놓았을 뿐이에요. 그런데 부정적인 감정으로 분류된 분노나 짜증, 우울이란 감정이 올라오면 우리는 자동적으로 싫은 마음이 듭니다. 감정은 그 자체로 중립적인데, 우리가 감정에다가 '부정적인 것'이라는 꼬리표를 붙이는 바람에 생긴 현상이죠. 우리 스스로가 만들어낸 괴로움입니다.

우리가 이렇게 감정에 대해 평가를 내리는 바람에 더 큰 문제가 발생합니다. 이 감정에 대한 감정을 '2차 감정'이라고 합니다. 우울이나 분노는 자연스럽게 일어나지만 대부분의 사람들이 이 감정을 싫어하기 때문에 짜증이나 불편감이 일어나게 됩니다. 우울과 분노는 죄가 없는데도 말이에요. 그래서 그 감정을 억압하려고 듭니다. 그러면 우울과 분노는 더 깊은 수렁에 빠지죠. 감정에 저항할수록 감정은 더 강해져서 나를 못살게 굴어요.

그렇기 때문에 다양한 감정을 제각각 '생명을 가진 아이'라고 생각하면 좋습니다. 내가 느끼는 여러 가지 감정은 내 안에 있는 다양한 아이들인 겁니다. 내 다섯 손가락이 모두 소중한 것처럼 감정도 각기 모두 소중한 존재인 거죠. 그 아이들이 상황에 따라 관심을 받고 싶어서 내 마음이란 무대에 오른 것일 뿐입니다. 화가 날 때는 '그렇게 기분 나쁠 일도 아닌데 나는 왜 이렇게 화가 나는 거야!'라며 스스로를 타박할 게 아니라 '아, 분노란 녀석이 무대 위에 올라왔구나!'라고 생각해보세요. 그러면 무대 위의 분노는 더 크게 난동을 부리지 않고 시간이 지나면 내려갈 겁니다. 관심을 받았으니 목적을 달성한 셈이거든요. 그뿐입니다.

둘째, 자극과 반응 사이의 간격을 늘리세요.

대개 자극을 받으면 그 반응으로서 '감정'이 일어납니다. 비가 오면(자극) 우울해진다(반응)던가, 애인이 전화를 안 받으면(자극) 불안해진다(반응)던가, 부모님이 잔소리를 하면(자극) 짜증이 난다(반응)던가 하는 식이죠. 보통은 자극에 대한 반응이 필연적으로 일어난다고 생각하죠. 그래서 이런 말을 많이 합니다.

"저 자식이 시비를 걸어서 내가 화를 낸 거라고!"

"시험에 떨어져서 난 우울해졌어."

이렇게 우리는 보통 자극이 있어서 반응을 한다고 인과관계를 세워요. 타인이 시비를 걸어온 것, 시험에 떨어진 것을 내세워서 내 분노와 우울을 정당화하는 거죠. 하지만 자극으로 인한 반응은 습관일 뿐 당연히 그렇게 돼야 하는 건 아무것도 없습니다. 저 자식이 시비를 걸어와도, 시험에 떨어져도 '꼭' 화가 나고 절망하라는 법은 없으니까요. 그저 우리는 그렇게 길들여졌을 뿐이에요.

그럼 자극이 왔을 때는 어떻게 해야 좋을까요? 자극이 들어왔을 때, 즉각적으로 반응하기 전에 중간 작업을 해두는 겁니다. 어떤 자극이든 내게 이로운 쪽으로 해석할 선택의 여지가 있고, 감정을 조절할 힘을 개입시킬 수 있어요. 그러기 위해서는 자극과 반응 사이의 간격을 늘려야 합니다. 그래야 내가 개입할 공간이 커지겠죠.

자극과 반응 사이의 간격을 늘리기 위해 필요한 게 바로 '알아차림'입니다. 평소에 마음을 자동모드로 내버려두

내 마음을 돌보는 시간

는 게 아니라, 운전대를 잡고 의도적으로 마음을 민감하게 살펴야 내 감정의 흐름이나 변화를 알아차릴 수 있습니다. (앞에서 몇 차례 언급했던 마음챙김을 꾸준히 하면 '알아차림'이 가능해져요.) 그러면 자극이 들어올 때 내 감정 상태를 살펴서 조절할 수 있습니다. 감정이 이끄는 대로 행동하지 않게 되는 거죠.

분노 감정이 10단계일 때 나도 모르게 타인에게 소리를 지르게 된다고 해봅시다. 만약 그전 2, 3단계에서 분노를 알아차릴 수만 있다면 마음에 어떤 조치를 취할 수 있게 될 거예요.

욱하는 습관이 고민인 A씨는 회사에서 김 과장이 못마땅한 행동을 할 때마다 자신도 모르게 욱하면서 화를 내곤 했죠. 가정에서도 아내의 말과 행동에 쉽게 욱하는 바람에 쉽게 부부 싸움을 하곤 했습니다. 그런데 A씨가 마음의 상태를 미세하게 관찰할 수만 있다면, 즉 알아차림을 잘할 수 있다면 회사에서 김 과장이 거슬리는 행동을 하더라도 '아, 내 마음에 짜증이 올라오기 시작하는군' 하고 주의를 전환하거나 '어떻게 서로 기분 상하지 않게 지적할 수 있을까?' 라고 할 수 있을 겁니다. 또 아내의 행동에 기분 나쁠 때도 이성을 잃은 채 다짜고짜 화부터 내지 않고, 잠깐 바람을 쐬고 온다거나 과연 화를 낼 필요가 있는 일인지 되돌아볼 여지가 생기는 거죠. 감정은 처음부터 10단계로 마음을 때리는 게 아닙니다. 따라서 초기 단계에서 감정을 알아차리면 그만큼 조절하기 쉬워집니다.

자동모드에다가 마음을 그냥 맡겨버리면 원치 않게 욱해서 자꾸 화내고 나중에 후회하는 일이 많아집니다. 감정에 끌려다니는 거죠. 하지만 의도적으로 마음의 상태를 계속 알아차린다면 어디서 감정을 조절해야 할지 보입니다. 그리고 스스로 감정조절을 해서 '선택'한 말과 행동을 하게 됩니다. 마음의 운전대를 성공적으로 사수하게 되는 거죠.

> 자극과 반응 사이에 공간이 있다.
> 그 공간에서의 선택이 우리 삶의 질을 결정짓는다.
>
> _ 빅터 프랭클Viktor Frankl

'관찰하는 나'를 키우자

감정을 조절하는 두 가지 방법 모두 결국에는 '관찰하

는 나'를 키우는 게 핵심입니다. 감정을 싫어하지 않고 소중하게 여기는 것도, 내 감정을 섬세하게 알아차리는 것도 결국에는 '관찰하는 나' 스스로 하는 일이거든요. 내 감각과 감정, 생각을 한걸음 떨어져서 살펴볼 수 있는 관찰자가 내 안에는 존재합니다. 그 관찰자의 힘을 기르는 게 결국 감정 조절의 열쇠입니다. 또, 그게 자율주행모드를 끄는 방법이기도 하고요. (이 자율주행모드에 대해선 2장의 '산만하고 불안정한 마음 돌보기' 편을 참고하세요.)

지금 잠깐 눈을 감고 자신의 상태를 살펴보세요. 5초 정도만이라도 내면을 살펴보세요. '눈을 감고 있는 나'를 알아차릴 수 있나요? 내가 나를 보고 있는 거죠. 나의 신체 감각(덥다. 경직되어 있다. 나른하다 등)이 느껴질 것이고, 나의 기분 상태도 살필 수 있을 겁니다. 또 여러 가지 생각이 떠오르는 것도 알 수 있을 거예요. 만약 생각에 빠지기 시작하면 그 생각이 끝도 없이 이어져 길을 잃어버리게 됩니다.

그렇기에 단지 바라보기만 하세요. '이런 생각을 하고 있구나'라고 알아차리면 됩니다. 옆으로 샜다고 나무라거나 비판하지 않고 그저 바라보는 겁니다. 이렇게 관찰자의 입장에 오래 머물수록 관찰자의 힘은 커져요. 나를 관찰하는 힘을 길러내는 게 결국 마음챙김이고 명상입니다.

마음에 대한 자책을 멈추고
그저 '관찰하세요'

자, 이게 전부입니다. 간단하죠. 평소 많은 생각에 강하게 붙들려 있는 분들은 쉽지 않을 겁니다. 누구라도 연습과 반복이 필요한 방법이고요. 그래야 뇌가 그 습관을 기억하고 자동적으로 처리하게 되겠죠. 그때가 되면 내가 의도적으로 애쓰지 않아도 알아서 뇌가 내 마음의 평안을 위해 움직여줄 겁니다. 그게 우리 마음이 가야 할 방향이고요.

이제 감정을 조절하는 기본적 기술을 이해하셨으니 당분간은 여러분 안에 있는 관찰하는 아이를 잘 키워내는 데에 집중해보세요.

내 안의 관찰하는 아이를 늘 기억하세요. 그 아이가 당신의 마음을 우울과 분노로부터 지켜줄 테니까요.

내 마음을 돌보는 시간

친절부터
내려놓읍시다

친절한 사람이 되려고
애쓸 필요 없는 이유

미국의 작가 루비 왁스Ruby Wax는 마음챙김으로 우울증을 극복한 경험을 책에 담으며 '마음챙김이 아닌 것들의 리스트'를 써두었습니다. 그런데 그 리스트의 첫 번째가 바로 '친절한 사람 되기'였어요. 저 또한 친절한 사람이 되려고 애쓰는 행동이 마음을 돌보는 것과는 거리가 멀다는 데 동의합니다.

마음챙김이 어떤 판단이나 평가 없이 나 자신을 있는 그대로 바라보는 거라면, '친절한 사람 되기'는 다른 사람의 시선에 맞추어 나 자신을 통제하는 것과 다름없습니다. 마음챙김이 자신에 대한 관대함으로 이끄는 반면, 친절에 대한 강박은 자신을 채찍질할 수밖에 없습니다. 그 안에서 나 자신에 대한 끊임없는 평가가 일어날 것이고요.

친절이 나쁜 건 아니지 않느냐고 의문을 가질 수 있겠습니다. 맞아요. 타인에 대한 배려로서의 기본적 친절은 문제되지 않습니다. 하지만 남에게 좋은 사람이 되려고 애쓰는 것으로서의 친절은 다릅니다. 이 부분에 대해 얘기해보고 싶어요.

'좋은 사람'이 되려는
생각의 오류

심리학자 돌리 척Dolly Chugh은 좋은 사람이 되려는 노력을 놓아버려야 한다고 말합니다. 이유 중에 하나는, '좋은 사람'에 대한 이분법적 정의 때문인데요. 좋은 사람으로 보이고자 하는 마음의 이면에는 사람들을 이분법적으로 나누는 날카로운 기준이 존재합니다. '좋은 사람 아니면 나쁜 사람', '성실한 사람 아니면 나태한 사람' 이런 식이죠. 때문에 내가 좋은 사람으로 보이지 않으면 나쁜 사람에 속해 버릴 거라는 불안감으로 인해 더더욱 애쓰게 되는 겁니다. 무의식적인 반응이라 스스로도 의식하지 못하고 있을 뿐이에요. 그래서 그녀는 질문합니다. "좋은 사람의 기준은 무엇일까요?"라고요.

모든 사람이 생각하는 좋은 사람의 기준이 각각 다르죠. 어떤 사람은 자기에게 잘해주기만 하면 '좋은 사람'으로 생각해버릴지도 모르고요. 그런 주관적인 기준에 자신을 끼워 맞추는 것은 가혹할 뿐만 아니라 불가능합니다. 그 모든 기준을 충족시키려 노력하다가 당신의 마음은 너덜너덜해지고 말 거예요.

그렇기에 '좋은 사람'으로 보이려는 연기를 멈추고, 진실되고 솔직하게 행동하면서 실수로부터 배울 수 있어야 합니다. 그게 바로 더 나은 사람이 되는 방법이에요. 솔직해지지 않으면 진짜로 나아져야 할 부분이 무엇인지도 알 길이 없으니까요.

다수가 인정하는 꽤 괜찮은 사람조차 실수를 하며 살아갑니다. 상황과 맥락에 따라 우리는 언제든 잘못을 저지를 수 있어요. 그 실수를 인정하고 앞으로 나아가느냐, 멈추어

서서 그 실수를 반복하느냐는 다릅니다. 어느 쪽이 되고 싶으신가요?

> 사실 우리는 필사적으로 좋은 사람으로 보이려고 하고
> 위험 영역에서 벗어나려고 하지만 실수로부터 배울 수 있는
> 기회는 스스로에게 주지 않습니다.
>
> _ 돌리 척

욕먹는 게 두려워 좋은 사람인 척하는 것보다는 당당하게 욕먹고 더 나은 사람이 되는 편이 훨씬 낫지 않을까요? 그렇게 '욕먹고 조금씩 나아지기'가 쌓여서 더 나은 나를 만들어갈 테고요.

타인에게 맞추느라
차단된 내 감정과 욕구

좋은 사람이 되려는 것의 가장 큰 문제는 우리 마음을 괴롭게 한다는 데에 있습니다. '더 나은 나'는커녕 마음이 다치기까지 한다는 거죠. 마음을 더 취약하게 만드는 원인

이 될 수 있어요. 왜냐하면 좋은 사람이 되려고 애쓰는 순간 내 감정과 욕구가 차단되기 때문입니다. 포커스가 타인에게 맞춰져 있고 타인을 만족시키는 게 목적이 되었기에 내가 무엇을 느끼는지, 무엇을 원하는지를 알아차릴 수 없습니다.

내 생각과 감정, 욕구에 대한 알아차림을 놓아버리는 순간, 마음은 위험해집니다. 나의 진짜 감정과 욕구는 억제되겠죠. 그런 식으로 좋은 관계를 유지할 수 있었을지 모릅니다. 타인의 애정을 얻어냈을지도 모르고요. 하지만 억제된 감정은 언젠가 터지기 마련이에요. 감정의 억제는 좋은 관계의 답이 될 수 없습니다. 마음이 병들어가는 지름길일 뿐이에요.

내면에서 일어나는 모든 감정은 나에게 보내는 신호입니다. 사람들을 통해 수많은 자극이 들어오기 때문에 그에 따라 여러 감정이 반응하고 있을 겁니다. 그렇기에 사람들 사이에 있을 때 특히 더 자신의 마음을 볼 수 있어야 합니다. 불편한 감정이 일어나지 않았는지, 어떤 욕구가 일어나는지 살펴보고 적절한 조치를 취할 수 있어야 해요. 타인에게 좋은 사람이 되어주느라 그 신호를 알아차리지 못하면 그 감정은 더 이상 나를 위해 작동하지 않을지도 모릅니다.

우리는 좋은 사람도 나쁜 사람도 아닙니다. 세상에는 대단한 사람도 하찮은 사람도 없어요. 모두 다 때때로 실수를 저지르고, 때로는 약속을 어기기도 하는 평범한 인간일 뿐이에요. 그러니 '좋은 사람'이라는 단어에 나를 가두고 괴롭히지 마세요. '형편없는 사람'이 되지 않으려고 발버둥을 칠 필요도 없어요. 그 대신에 기꺼이 실수하고 욕먹고 그로부터 배워서 나한테 먼저 충분히 좋은 사람이 되세요. 그건 지금의 나보다 더 나은 내가 되는 겁니다. 성장하는 길입니다.

그렇기에 다시 한번 당부를 드립니다. 좋은 사람으로 보이고 싶어서 애써 노력해왔다면, 이제 친절부터 내려놓읍시다.

내 마음을 돌보는 시간

몸이 하는 말에
귀를 기울이세요

몸에 대해
얼마나 알고 있나요

    우리는 자신의 몸에 대해 얼마나 알고 있을까요? 키와 몸무게, 체지방 등 쉽게 숫자로 표현되곤 하는 우리 몸은 학창 시절 성적처럼, 자주 평가의 도마 위에 오르곤 합니다. '뚱뚱해! 살을 빼야 해! 다리가 짧아! 머리가 너무 커!' 이런 식으로 우리 몸은 강박의 대상이 되며, 혐오의 대상이 됩니다. 지방제거술처럼 절단의 대상이 되기도 하고 또 성형의 대상이 되기도 합니다. 그렇게 평가하고 수정하고 도려내기도 하는 동안에 자신의 몸에 대해서 얼마나 잘 알아왔을까요? 또 얼마나 친하게 지내고 있을까요?

　몸은 우리가 생각하는 것보다 마음에 관해 많은 것을 알고 있는 중요한 '나'입니다. 하지만 우리는 몸에 대해 이해하려 들지 않죠. 영국의 정신분석가 수지 오바크Susie Orbach의 저서 《몸에 갇힌 사람들》에 따르면, 몸에는 유년기의 기억, 부모의 양육 방식까지 우리가 생각한 것보다 훨씬 많은 것들이 깃들어 있다고 합니다. 실제로 우리는 4, 5세 이전의 일들을 기억해낼 수 없지만, 몸에는 그 기억이 담겨 있어요. 몸의 습관적인 움직임이나 지세의 흔적도 남아 있습니다. 또 극심하게 스트레스를 받은 사건을 겪은 경우, 당시 신경계의 반응이 해소되지 못한 채 몸 안에 남아서 계속 심리적 후유증을 야기할 수도 있습니다. 이 때문에 트라우마 치료에 신체를 기반으로 접근하는 치료법을 많이 사용하고 있습니다.

　그만큼 몸은 많은 걸 담고 있습니다. 따라서 마음을 다루기 위해 몸을 꼭 이해하고 소중하게 다뤄야 한다는 점은 분명합니다.

　　　　　　　　　　내 마음을 돌보는 시간

몸과 마음은
서로 소통하는 관계

이렇게 생각해봅시다. 수많은 스트레스성 질병을 '신경성'이라고도 하죠. 마음의 문제로 몸이 아픈 겁니다. 그 반대도 성립하죠. 몸이 아프면 마음도 약해집니다. 몸과 마음은 이처럼 상호소통을 하는 관계입니다. 그래서 마음이 아플 때일수록 몸을 잘 챙기고, 몸이 힘들 때일수록 마음을 잘 보살펴서 서로 선순환하게 해야 합니다.

하지만 평소에 우리는 반대로 합니다. 스트레스 받는 일이 있으면 자극적인 음식이나 술, 담배를 통해 몸을 혹사시킵니다. 그러면 일시적으로는 스트레스에서 벗어날 수 있겠지만, 다음날이면 숙취로 고생하느라 맑은 정신을 갖기 힘들겠죠. 반대로 몸이 지치면 금세 우울 속으로 파고들어 깊이 침잠해버리곤 합니다. 그러면 몸이 회복할 기회를 잃어버리겠죠. 마음은 더욱 우울해질 것이고요.

현대인이 가장 많이 겪고 있는 마음의 병인 우울증에 대해 살펴보겠습니다. 우울증을 개선시킬 대표적인 방법이자 연구를 통해 입증된 방법은 광합성과 달리기입니다. 몸을 움직여 달리기를 하거나, 몸이 햇빛을 흡수하면 우울증을 예방하고 개선할 수 있습니다. 이건 누가 봐도 신체를 건강하게 해줄 방법이지만 건강한 마음을 위해서도 필요한 방법임을 과학은 확인시켜줍니다.

그런 점에서 보면, 현대 문명으로 인해 우리 몸은 편해졌지만 그게 정신에까지 이롭다고는 할 수 없습니다. 오히려 편리한 전자기기나 인터넷이 우리를 유혹할수록 정신을 바짝 차리고 몸을 돌보아야 할지도 모릅니다. 몸을 돌본다는 것은 곧 마음을 돌본다는 것이고, 마음을 돌본다는 것은 곧 몸을 건강하게 지켜내는 것이니까요.

몸이 하는 말에
귀를 기울이자

제가 몸에 대한 얘기를 꺼낸 까닭은 결국 마음을 다루기 위해서입니다. 마음을 다룰 때 몸을 통해 접근하는 게 단연코 가장 쉽고 확실한 방법이라고 말할 수 있습니다. 그러니 이제는 몸을 평가하고 미워하는 대신에, 몸이 하는 말에 귀를 기울여보는 게 어떨까요?

몸이 우리에게 하는 말에 귀를 기울이는 사람은 매우 드물다. 우리가 들끓는 생각들에 빠져 있기 때문이다. 몸은 우리의 가능태가 아닌, 현 상태를 보여주는 기막힌 지표가 된다.

루비 왁스, 《너덜너덜 기진맥진 지친 당신을 위한 마음챙김 안내서》, 책세상, 157쪽

몸은 나에 대한 엄청난 정보를 가지고 있는 소중한 것임을 기억하면서 시시때때로 내 컨디션은 어떤지, 몸은 어떤 감각을 느끼고 있는지 살펴보세요. 미간을 찌푸리고 있지는 않은지부터 척추는 바르게 서 있는지, 엉덩이가 의자에 닿아 있는 느낌은 어떤지 세심하게 느껴보세요. 그리고 필요할 때에는 아래처럼 몸을 통해서 마음을 간편하게 돌보세요.

(1) 불안할 때 호흡을 통해 몸을 이완시키기

사람들은 보통 불안을 일으키는 문제를 해결해야만 불안에서 자유로워질 수 있다고 생각해요. 하지만 그 문제를 고민할수록 불안은 높아질 뿐입니다. 해결할 수 없는 문제로 골머리를 싸매고 있는 경우가 대부분인 것도 사실이고요. 그럴 때에는 생각에 빠져들 게 아니라, 몸을 이완시키는 게 더욱 효과적입니다. 불안이 느껴질 때, 또는 어떤 문제가 머리를 채우고 있다는 걸 알아차리는 순간 몸의 반응을 살펴보세요. 아마도 자세는 위축되어 있고 몸에 힘이 들어가 있으며 호흡이 빠를 것입니다. 그러면 눈을 감고 의식적으로 몸에 힘을 빼면서, 호흡을 깊게 들이쉬고 내쉬어봅니다. 숨을 내쉴 때마다 '편안하다'라고 마음속으로 말해보세요. 열 번 정도 반복하면서 몸의 변화를 가만히 살펴봅니다. 몸이 차분히 이완되었다는 걸 알아차리면 그때는 집중해야 할 일로 돌아가면 됩니다.

(2) 생각이 너무 많을 때 몸을 두드리며 감각을 느껴보기

몸의 감각에 주의를 기울이면 잡념은 힘을 잃게 됩니다. 이렇게 생각하면 쉬울 거예요. 우리 몸에 두통이나 치통이 있을 때는 아픈 통증에 집중하느라, 다른 일에는 집중하기가 어렵죠. 적어도 잡념에 빠져 이런저런 생각이 꼬리에 꼬리를 무는 일은 없을 겁니다. 몸의 감각이 몹시 강하기 때문에 생각도 힘을 잃은 거죠. 즉, 잡념을 없애는 쉬운 방법이자 '현재'로 돌아올 수 있는 가장 쉬운 방법은 몸의 감각을 이용하는 거예요.

내가 '지금, 여기'에 집중하지 못하고 있는 것을 알아차

내 마음을 돌보는 시간

렸다면, 오른쪽 검지손가락 끝으로 왼쪽 손등, 손목, 팔꿈치 방향으로 쭉 올라가며 어깨까지 톡톡 두드려보세요. 손을 바꿔서 반대쪽도 마찬가지로 해주세요. 그러면서 두드림에 따라 감각을 느껴봅니다. 한 가지 감각에 집중하면 복잡다단한 생각에서 빠져나와 '현재'에 온전히 머무를 수 있게 됩니다.

(3) 불면에 시달릴 때 바디스캔

바디스캔body scan은 마음챙김을 기반으로 하는 스트레스 완화MBSR, mindfulness based stress reduction 방법 중 하나입니다. 발끝 또는 정수리처럼 몸의 한쪽 끝에서 시작하여 몸의 각 부분 하나하나에 주의를 기울이며 느낌을 관찰하는 방법이죠. 보통 '발가락-발바닥-발목-종아리-무릎-허벅지-골반-복부-가슴-어깨-목-얼굴-머리' 순서로 합니다. 마치 몸을 아주 천천히 스캔하듯이 끝에서 끝까지 감각으로 알아차리는 거예요. 특히 불면증에 효과가 좋으므로 밤에 누워서 잠이 오지 않을 때 해보면 고요하고 편안하게 수면에 이를 수 있을 겁니다.

마음을 위한 필살기,
몸의 이완

신체 변화를 민감하게 살피면서 저는 새로운 사실을 알아차렸습니다. 불안감을 자주 느끼는 편인 저는 몸을 살피기 시작하면서 불안감을 느끼기 전에 심장이 빨리 뛰는 신체 반응이 있다는 사실을 알게 되었죠. 그 신체 반응에 대해서 내가 '불안하다'로 해석한다는 것도요. 예전에는 심장이 빨리 뛰는 걸 먼저 알아차리지 못하고, '불안하다'라는 감정부터 파악했지만, 이제는 '아, 심장이 빨리 뛰는구나'라고 신체 반응을 먼저 파악한 뒤 의도적으로 호흡을 깊이 합니다. 빨라진 쿵쿵거림이 다시 편안한 속도를 찾을 때까지 계속해서 주의를 기울입니다. 그러면 어느새 마음이 차분해져 있죠.

예전 같았다면 '불안하다'에서 시작된 생각이 꼬리에 꼬리를 물어 생각의 파도에 휩쓸렸을 것이고, 그로 인해 불안감은 더욱 증폭되었을 거예요.

우리는 흔히 생각에서 감정이 생겨난다고 생각하지만, 저처럼 신체 반응이 감정을 유발하기도 합니다. 그리고 그

내 마음을 돌보는 시간

감정은 어떤 생각을 끌어옵니다. 불안감이 나의 불안한 인생 문제들까지 순식간에 끌어오는 거죠. 하지만 신체 반응으로 인해서 감정이 유발될 수 있다는 사실을 이해한다면 우리는 감정에 속아 불필요하게 부정적인 생각에 빠져버리는 일을 막을 수 있습니다. 그래서 몸을 내 편으로 만드는 게 중요해요.

이제 여러분도 충분히 이해하셨을 테지만 편안한 몸 상태는 편안한 마음 상태를 유도합니다. 그러니 안정된 마음을 유지하기 위해서 '몸의 이완'이 언제나 첫 번째라는 걸 기억하세요. 그것은 마음을 위한 필살기 같은 겁니다.

그동안 내 몸이 남에게 어떻게 보이는지를 의식하느라 몸을 혹독하게 다루어온 분이 있다면 이번 기회에 꼭 내 몸과 친해지기를 바랍니다. 평가하는 대신 바라봐주세요. 호기심을 가지고 좋아하는 걸 유심히 살피듯 몸을 관찰해보세요. 그러면 몰랐던 감각이 느껴지고 마음을 위한 많은 정보를 알아차리게 될 것입니다.

이제 내 몸을 타인의 시선에 가두지 않고, 부디 내 든든한 지원군으로서 친하게 지내기를 바랍니다.

3
장

판단하지 않을 때
안전해지는 마음

아무것도 아닌
날씨와 같은 마음으로

아무것도 아닌 마음일 때
우리는 편안한다

무더위가 지나간 어느 가을날이었습니다. 낮에는 햇볕이 뜨거웠지만, 아침저녁으로는 선선한 공기가 느껴졌어요. 그맘때쯤이면 느낄 수 있는 춥지도 덥지도 않은 날씨가 반가웠죠. 그래서 함께 있던 남편과 '아무것도 아닌 날씨'라고 이름도 붙였습니다. 무더위가 지난 뒤, 또는 한겨울 맹추위가 지난 뒤 봄가을에 아주 잠깐 느낄 수 있는 '아무것도 아닌 날씨'가 저는 참 좋습니다.

우리가 아무것도 아닌 날씨를 편안하게 느끼는 것처럼

마음도 그렇습니다. 춥지도 덥지도 않은 마음을 우리는 가장 편안하게 느낍니다. 왜냐하면 그게 우리 마음의 본래 상태거든요.

때로 우리는 '행복'을 마치 엄청난 기쁨이나 희열로 착각합니다. 쾌락의 의미로 생각하기도 하고요. 행복해져야 한다고 생각하고, 그러기 위해서 자꾸 무언가를 하려고 하죠. 성취를 하거나, 사람을 만나거나, 물건을 사거나, 맛있는 걸 먹거나, 담배와 술을 하기도 합니다. 모두 기분 좋아지려고 하는 행위들이죠. 하지만 거기서 얻는 즐거움은 유지되지 않는다는 특성이 있습니다. 왜냐하면 그것이 본래의 마음 상태는 아니거든요.

행복은 무언가 성취해서 얻어내는 거라기보다는 원래 내 마음을 되찾는 것입니다. 마음의 본래 그 상태로도 행복할 수 있습니다. 고요함, 차분함, 평화로움 그 어떤 것도 좋습니다. 마음속에서 어떤 동요도 일어나지 않을 때 그 상태를 살펴보면 아주 맑아요. 그때 마음은 맑고 청명한 물 같은 상태입니다. 아무 오염도 되지 않았으니 깨끗하고 투명해요. 비어 있는 공空의 상태죠.

하지만 보통 우리의 마음속은 어떤가요. 무척 번잡합니다. 크리스마스이브 날의 명동 거리처럼 무언가로 가득합

내 마음을 돌보는 시간

니다. 일관되지 않은 생각들이 마구 얽혀 있습니다. 그리고 매우 바쁘죠. 이 생각에서 저 생각으로 옮겨 다니고, 모든 것에 연연하느라 바쁩니다.

그런 우리가 마음을 차분하게 하기 위해 할 일은 결국 마음을 본래 상태로 되돌리는 것뿐입니다. 아무것도 아닌 날씨처럼 아무것도 아닌 마음을 되찾아 평안함을 느끼는 거죠.

아무것도 아닌 마음을 갖기 위해 즉, 고요한 마음을 위해 기억하면 좋을 비유가 있습니다. 제가 늘 떠올리는 방법이기도 하고, 주위 사람들에게 알려주거나 '불안'을 주제로 한 강연에서 말씀드리면 꽤 이해가 잘된다고 하시더라고요. 그중 하나를 먼저 소개할게요.

버스에 올라타지 않고, 멀어지는 모습 보기

생각은 한번 쫓아가기 시작하면 계속 가지를 뻗어간다는 특징이 있습니다. 자려고 누웠는데 생각에 생각이 꼬리를 물어 한참동안 잠들지 못한 경험이 있나요? 그건 '생각의 버스'에 올라탔기 때문입니다. 하나의 생각 조각을 버스라고 생각해보세요. 나도 모르게 그 버스에 올라타버린 겁니다. 나는 버스 운전기사가 아니라 승객이기 때문에 그 버스가 가는 노선대로 계속 따라가게 됩니다. 버스에서 내리기 전까지는요.

불교에 무아無我라는 말이 있죠. 자아는 없다는 뜻입니다. 말도 안 된다고 생각하시나요? 나는 여기 있는데 왜 내가 없냐고요? 그런데 내가 정말 내 것이라면 왜 내 마음은 내 뜻대로 되지 않는 걸까요.

진실 여부를 떠나, 신기하게도 '내 것'이라는 데에 집착할수록 마음을 다루기 어렵습니다. '내 마음=나'로 동일시할수록 마음은 더 괴롭습니다. 반대로 내 마음에 거리를 두고 객관적으로 살필 수 있을 때 다루기가 훨씬 수월해집니다. 이게 바로 마음챙김과 명상의 원리이기도 하고요.

제 마음을 제 것인 듯 보는 게 아니라, 남의 마음 보듯이 취급하는 겁니다. 타자화하는 거죠. 그러면 객관적으로 볼 수 있어요. 마음에 이름을 붙여도 좋습니다. 저는 제 마음에 '감자'라는 이름을 붙였습니다. '화가 치밀어 오른다'가 아니라, '감자가 화가 치밀어 올랐구나', '우울하다'가 아니라, '감자가 우울하구나'로 바꾸어 말합니다. 주어가 '나'가 아니라 '감자'(또는 다른 무엇)이기 때문에, 화가 난 것은 내가 아니라 감자가 되었습니다. 그럼 그 감정도 좀 더 거리를 두게 되죠. 빠져나오기도 더 쉬워지고요.

자, 이제 버스의 비유가 이해되나요? 내 마음에서 일어나는 감정과 생각을 버스 한 대 한 대를 보듯이 보는 겁니다. 버스는 내 뜻과 상관없이 도로 위에서 자기 갈 길을 가고 있잖아요. 어떤 생각이 떠오를 때 우리는 지나가는 버스를 잠깐 본 것뿐입니다. 굳이 올라탈 필요가 없어요. 번호만 확인하세요. '272번 버스네. 난 저 버스에 올라타고 싶지 않아(난 저 생각에 빠져 있고 싶지 않아)'. 그렇게 바라보기만 하고 올라타지 않으면 버스는 제 갈 길을 갈 것입니다. 유유히 사라질 거예요.

버스에 올라타고 싶은 충동을 느낀다거나 혹은 이미 버스에 올라 타버린 것 같다면(대부분 이미 버스에 올라탔을 거예요) 그걸 알아차리자마자 내 호흡이나 내 몸의 감각으로 돌아오세요. 생각을 끊는 가장 쉬운 방법은 다른 곳으로 주의를 돌리는 것입니다. 우리는 생각(사고)과 감각에 동시에 집중할 수 없어요. 내 호흡이 차분한지 가쁜지 확인하면서 나를 살피세요. 몸이 경직되어 있는지 이완되어 있는지 확인해보시고요. 그렇게 내가 잘 존재하고 있는지 확인하면 됩니다. (이것이 제일 중요한 거 아니겠어요?) 그렇게 하면 그 생각에서 이미 벗어나 있을 겁니다. 좀 전에 빠져들 뻔했던 그 상념들은 내가 아닙니다. 그걸 꼭 기억하세요.

우리는 한 번에 한 가지 생각밖에 할 수 없어요. 동시다발적으로 많은 생각을 처리하고 있는 것 같겠지만, 사실은 엄청난 속도로 이 생각에서 저 생각으로, 저 생각에서 또 다른 생각으로 옮겨 다니고 있는 것입니다. 그러니까 마음이 얼마나 바쁘겠어요. 그리고 에너지 소모도 크기 때문에 피로감이 클 것이고요.

두더지 게임에서 여기저기서 두더지가 예고 없이 쑥쑥 머리를 내미는 것처럼 생각은 자꾸 찾아옵니다. 머릿속 잡다한 상념들은 예고 없이 불쑥불쑥 고개를 내밀어요. 우리는 그 모든 두더지를 감당하고 두드리느라 너무나 피곤한 상태예요. 생각을 다 때려 부술 필요는 없습니다. 그냥 알아봐주세요.

우리 마음속에는 어린아이가 한 명씩 살고 있는 겁니다. 어린아이에게 '관심'은 너무나 중요하죠. 아이는 때로 울고 있고, 두려워서 움츠리고 있고, 때로는 즐거워하고 있습니다. 그런데 그 아이에게 가장 필요한 건 관심이에요. 'ㅇㅇ

내 마음을 돌보는 시간

가 기분이 안 좋구나. ○○가 오늘은 기분이 무척 좋아 보이네.' 이렇게 알아주면 아이는 차분한 마음을 유지할 수 있어요. 두려움이나 슬픔에 빠져들어 허우적대지 않아요. 그런데 이 기분을 몰라주면 깊은 슬픔 속으로, 깊은 두려움 속으로 빠집니다. 아이를 살핀다는 마음으로 내 마음을 살펴봐주세요. 그것뿐입니다. 내가 지금 어떤 기분인지, 어떤 생각에 빠지려는지 알아주기만 하면 됩니다.

이 버스에 올라탔다가 저 버스에 올라탔다가 하면서 내 의지와 상관없이 상념에 빠져들지 마시고 내 본래의 고요한 마음으로 돌아오세요. 그리고 그 고요함을 즐기고 행복감을 알아차리시길 바랍니다.

비난받는 마음은
힘을 낼 수 없습니다

자신의 마음에 어떤 일이 일어나고 있는지 잘 살펴보고 계신가요? 생각의 버스에 올라타지 않은 채 어떤 버스가 지나는지만 잘 바라보라고 말씀드렸죠.

사람들이 가지고 있는 두려움에 대한 얘기를 듣다 보면, 공통되는 주제가 있습니다. '다른 사람이 어떻게 생각할지'에 대한 두려움입니다. 더 구체적으로는 비난받는 것에 대한 두려움이죠.

자신의 마음에서 한 걸음 떨어져서 그곳에서 떠오르는

생각이 어떤 것인지 살펴보면 알게 됩니다. 욕먹을까봐 혹은 비난받을까봐 두려워하는 자신, 더 넓게는 타인의 시선을 의식하는 자신을요. 그런데 비난하는 그 목소리는 사실 '자신의 목소리'입니다. 실제로 외부에서 자신이 직접 비난받는 일은 10퍼센트도 되지 않을 거예요. 결국 내가 나를 비난하고 있는 것입니다. 그리고 그 비난이 결국 나를 두렵게 만드는 것이고요.

같은 맥락에서, 우울은 극도의 자기중심적인 상태일 수도 있습니다. 나를 중심에 둔 타인의 시선에 대한 생각에 매몰되면 우울을 피할 수가 없어요.

- '저 사람이 날 싫어하는 것 같아.'
- '저 사람이 나를 우습게 보는 것 같아.'
- '내 모습이 하찮은 것 같아.'

마음속에서 끊임없이 이런 식의 판단과 평가가 일어나서 우울의 늪으로 빠져드는 거죠. 하지만 어떤 이유에서 시작되었더라도 그런 것들은 모두 타인의 생각이 아닙니다. 내 안에서 일어나고 있는 모든 생각은 주체자가 '나'이니까요. 그러니까 타인의 생각인 것처럼 포장되었을 뿐 결국 내가 나 자신을 하찮게 보고, 싫어하고, 우습게 보고 있는 거라는 얘기입니다. (우울은 여러 가지 사건에서 기인할 수 있기 때문에 이런 해석이 조심스럽습니다만, 오늘은 '자기 비난'의 영역에서 이해해보면 좋을 것 같습니다.)

계속해서 '판단'하느라
바쁜 마음

자기 비난을 할뿐만 아니라 우리의 생각은 대체로 무언가를 '판단'하고 있습니다. 예를 들어볼까요.

- (공원에 산책하는 강아지를 보며) '어머, 강아지 너무 귀엽다!'
- (지하철에서 눈이 마주친 사람을 보며) '저 사람 나를 왜 쳐다보는 거지? 표정이 이상한데? 불쾌해!'
- (텔레비전에서 연예인을 보며) '와, 저 여자 진짜 예쁘다. 좋겠다. 행복하겠지?'
- (홈쇼핑을 보며) '이건 사야 돼!(핸드폰을 들며) 매진된 건 아니겠지? 빨리빨리!'

생각이 많을수록 이렇게 끊임없이 판단을 하느라 마음은 바쁠 수밖에 없습니다. 에너지를 소모합니다. 당연히 피곤하겠죠.

앞의 글에서 상념들을 버스에 비유했다면, 이번에는 생각을 큰 공으로 비유해보겠습니다. 어렸을 때 운동회에서 키보다 큰 공을 여럿이서 굴렸던 기억이 있나요? '공굴리기 게임'이죠. 우리가 누군가를 만나거나, 어떤 상황을 보면서 머릿속에서 '좋다, 싫다, 짜증난다, 부럽다' 등으로 판단하는 것은 크고 무거운 공을 언덕 위로 힘껏 밀어올리는 것과 같습니다. 공굴리기 게임의 하드코어 버전입니다. 생각만 해도 힘든 일이죠. 어떤 공은 '미움'의 언덕으로, 어떤 공은 '질투'의 언덕으로, 어떤 공은 '두려움'의 언덕으로 밀어올리고 있습니다.

그런데 밀어올리지 않고 가만히 둘 수 있다면 그 공은 스스로 굴러갑니다. 그리고 사라집니다. 즉, 내가 경험하고 있는 사건과 사람, 그 모든 것을 있는 그대로의 모습으로 알아차릴 수 있다면 마음이 힘들지 않습니다. 에너지를 소모하지 않죠.

비난받는 마음이
어떻게 힘을 낼 수 있겠어요

자기 스스로를 자꾸만 비난하는 사람이 있다고 가정해 봅시다. 무언가를 할 때마다, 혹은 하지 않을 때마다 이렇게 자신을 판단하겠죠.

- '나 오늘 또 늦잠 잤네. 이 게으름 때문에 내 인생이 망할 거야.'
- '보고서를 너무 형편없이 쓴 것 같아. 또 욕먹겠다.'
- '벌써 저녁이네. 주말 동안 아무것도 한 게 없네. 나 너무 한심해.'
- '난 왜 이렇게 잘하는 게 없지?'

이처럼 자신의 행위에 대해 '형편없다' 혹은 '한심하다'라는 식으로 판단하고 있죠. '형편없음'의 언덕으로 계속 무거운 공을 밀어올리고 있는 것입니다. 그렇게 힘을 들였기 때문에 마음은 더욱 지친 상태가 될 것이고요. 지쳐 있는 마음은 나를 돌볼 힘이 남아 있지 않을 겁니다. 간단히 생각해봐도 그렇습니다. 자꾸만 비난받는 마음이 어떻게 기운을 낼 수 있겠어요.

내 마음을 돌보는 시간

지난 글에서 말씀드린 것처럼 마음의 본래 상태를 되찾아야 차분함을 유지할 수 있습니다. 그 본래 상태의 중요한 특징이 '비판단non-judging'입니다. 판단하지 않는 마음이죠. 마음에 떠오르는 모든 것을 있는 그대로 두는 마음입니다. 내가 보고, 듣고, 경험한 것들을 일어난 그대로 볼 수 있을 때에 마음은 평안할 수 있습니다.

하지만 우리는 끊임없이 라벨링labelling을 합니다. 자신의 판단을 붙이는 거죠. '저건 싫어', '이건 좋아', '쟤는 별로야', '쟤는 맘에 들어. 쟤랑 친해질 거야'라고요. 하다못해 잠깐 보는 사람들에 대해서도 '좋은 사람', '나쁜 사람'으로 분류하고 있지는 않나요? 그 또한 판단이죠.

판단하지 않을 때
내 마음은 안전해집니다

언덕 위로 공을 굴리는 비유를 생각해낸 건 아무래도 시시포스 신화가 떠올랐기 때문일 겁니다. 그리스 신화에 등장하는 시시포스는 인간 중에서 가장 현명하고 신중한 사람이었다고 합니다. 그런데 신에게 미움을 샀다는 이유로 형벌을 받게 됩니다. 그 형벌은 일생동안 거대한 바위를 계속해서 산 정상으로 밀어올려야 하는 것이었고요. 힘들여 정상에 올린 바위는 굴러 떨어져, 처음으로 돌아가 다시 밀어올려야 합니다. 매일매일, 그리고 영원히요.

프랑스의 철학자 알베르 카뮈Albert Camus에 의해 실존주의적 의미로 해석되기도 했던 이야기입니다. 굳이 카뮈의 의견을 듣지 않더라도 매일매일 반복되는 고단한 인간의 삶을 상징하기에 충분합니다. 우리 삶이 때때로 너무 고단하고 끝없어 보이는 것과 닮아 있죠.

하지만 마음이 가벼워질 수 있다면, 일상이 반복되고 있다고 하더라도 노예의 삶은 아닐 것입니다. 그러기 위해서 머릿속에서 계속해서 무언가를 판단하는 습관을 버릴 필요가 있어요. 특히 자신에 대해서 이러쿵저러쿵 판단하지 않았으면 좋겠습니다. 자신을 비난하느라 소진되는 에너지를 모아서, 위로하고 돌보는 데에 쓸 수 있다면 우리는 훨씬 나아질 수 있으니까요.

'비판단'은 마음챙김의 핵심이기도 합니다. 판단하지 않고 있는 그대로 '지금, 여기'를 경험할 때 우리 마음은 평화롭습니다. 나 자신을 존재하는 그대로 바라보고 인정해줄 때에, 나는 안전해지고 비로소 편안해집니다.

다른 사람들이 자신을 비난할까봐 두려워하면서 정작 자신을 비난하고 있었다면 오늘부터 힘든 공굴리기를 멈추어보세요. 내 모습, 내가 하는 행위, 내 감정을 그대로 존중해주세요. 그럴 때 공은 스스로 굴러가고, 내 마음은 차분한 자리로 돌아갈 것입니다.

자신의 그림자를
너그럽게 바라보세요

보지 않던 것을 보려할 때
변화는 시작된다

　보이지 않던 게 보이기 시작할 때 그 사람의 내면은 분명 변화를 겪고 있습니다. 자기밖에 모르던 아이의 눈에 부모의 뒷모습이 보이고, 대접받기만을 원하던 사람이 일하는 사람들의 노고를 보게 되고, 늘 지나다니던 골목이었는데 언제부턴가 굶주린 길고양이가 눈에 밟히는 것. 어떤 연유로 인해서건 그 사람의 마음이 변화하고 있다는 증거입니다. 마음은 자라날수록 조명을 넓게 비추고, 세상을 입체적으로 볼 수 있게 됩니다. 빛이 비추지 않는 곳에 시선을 두기 시작할 때 그 변화를 감히 '성숙'이라 바꾸어 말할 수도 있겠죠.

　나 자신에 대한 시선 또한 마찬가지입니다. 우리는 자기 자신을 다 알고 있다고 생각하지만 실은 반쪽만 보고 있는 경우가 많습니다. 타인의 눈에는 보이지만 자신의 눈에는 보이지 않는 부분도 많아요. 대개 단점이나 약점이 그러합니다. 그래서 타인이 그 지점을 언급하면 놀라서 버럭 화를 내기도 합니다. 스스로가 인정하고 싶지 않은 면, 무의식에 꽁꽁 묻어놓은 부분을 누군가 건드리면 감정적 반응이 나타나죠. 많은 경우가 그렇습니다. 아주 자연스러운 모습이고요. 하지만 그 지적이 신경 쓰이고 '정말 그런가?' 하며 스스로를 의식적으로 다시 살피기 시작할 때 변화는 시작될 겁니다.

그림자,
내 안에 가려져 있는 내 모습

　내면의 많은 부분은 마치 존재하지 않는 것처럼 가려져 있습니다. 스위스의 심리학자 카를 구스타프 융Carl Gustav Jung

은 이런 정신의 어두운 측면을 '그림자shadow'라고 했습니다.

우리는 모두 지금의 모습보다 훨씬 더 다양한 면을 가진 아이였습니다. 엉뚱한 면도 있고, 짓궂은 면도 있고, 훨씬 더 특이한 생각과 행동을 많이 하는 존재였어요. 하지만 성장하면서 자연스럽게 규범과 규율을 알게 되고 이에 맞춰 '착하고 바른' 사람이 되기 위해 그에 걸맞지 않은 면을 억압하기 시작합니다. 수치스럽고 수용될 수 없을 것 같은 부분을 깎아내는 거죠. 반대로 사랑받고 인정받을 만한 면을 더 강화시키겠죠. 이를 '사회화' 과정이라고 합니다.

예를 들어, 공격성이 강했던 아이가 훈육을 통해서 공격적인 성향보다 순종적인 모습을 더 많이 보일 수 있습니다. 부모에게 사랑받기 위해서, 더 나아가 친구나 선생님에게 인정받기 위해서 스스로를 검열하고 다듬어갑니다. 질투심이 강하고 욕심이 많았던 아이가 유치원, 초등학교를 거치며 또래 아이들과 협력적이고 조화로운 모습을 보여주기도 합니다. 예민하고 까다로운 사람이 둥글둥글한 모습으로 사회생활을 해낼 수도 있습니다. 그렇다고 해서 공격성이나 질투심, 욕심, 예민함이 그 아이에게서 완전히 사라지는 건 아닙니다. 다만, '사람들에게 착하게 굴어야 해. 욕심이 많은 것처럼 보여선 안 돼'라는 의식적·무의식적 명령

내 마음을 돌보는 시간

에 따라 계속해서 자신의 모습을 필터링filtering하는 것뿐입니다. 시간이 지나 '나는 착하고 너그러운 사람이야. 나는 욕심이 없고 무던한 사람이야' 하며 자아상을 굳히게 되는 경지에 이를지도 모릅니다. 그래야만 자신을 '좋은 사람'으로 받아들일 수 있을 테니까요.

다시 말해서 옳고 그름, 선과 악에 대한 기준 그리고 사랑과 인정에 대한 개념이 생기면서부터 수많은 규칙이 생겨나고 스스로에게 엄격해지는 것입니다. 그렇게 스스로에 대한 이미지를 만들어갑니다. '그림자'란 곧 그 사회화의 과정에서 어둠속으로 밀려난 것, 소외된 나의 일부를 뜻합니다. 내 것이지만 내 것이 아니라고 여기는 내면의 모든 면이죠. 반대로 나라고 여기는 '의식적인 나'를 '자아ego'라고 부릅니다.

여러분은 어떤가요? 착한 사람 또는 좋은 사람이 되기 위해서 자신의 많은 부분을 부정하거나 꾹꾹 눌러놓지는 않았나요? 나의 자아라고 생각되는 면은 어떤 면인가요? 그렇게 자신을 다듬어가는 동안 수많은 평가와 판단으로 스스로에게 채찍을 휘두르지는 않았는지 염려가 됩니다. 어떤 모습은 비난받을까봐 억압하고, 어떤 면은 스스로 받아들이기도 어려워서 보려 하지 않았을지도 모르죠.

스스로에게 엄격해지는 게
과연 성숙해지는 길일까

그런데 자신을 날카롭게 평가하고 걸러내는 과정에는 '타인의 시선'이라는 익명의 기준이 존재합니다. 알 수 없는 존재의 시선이죠. 우리가 타인의 시선을 의식하면 의식할수록 스스로를 따뜻하게 대하기 어려운 이유가 여기에 있습니다. 사회화가 된 우리가 자신에게 관대하기란 참으로 어려운 것도 당연한 일이겠죠.

여전히 많은 사람이 대단한 존재가 되기 위해서는 스스로에게 엄격해져야 한다고 생각합니다. 과연 그럴까요? 혹독한 자기검열을 통해 어떤 면에서는 큰 성과를 이루었을지 모르겠습니다. 그러는 동안 자기 자신에 대해 얼마나 이해해왔을까요? 만약 반쪽자리 시선으로 스스로에 대해 대단하다 여기는 사람이라면 과연 그 사람을 '성숙한 사람'이라 할 수 있을지 의문이 듭니다.

또 자신에게 엄격한 사람일수록 같은 기준을 타인에게도 들이대니 다른 사람들에게 너그러울 리가 없겠죠. 타인에게 보이는 부정적인 면을 더 깐깐하게 지적할 것이고요. 좋은 사람, 나쁜 사람을 구분하는 기준이 워낙 많으니 그만

내 마음을 돌보는 시간

큰 눈에 차지 않는 사람이 많을 수밖에 없습니다. 이런 사람을 마음의 그릇이 넓은 사람이라고 할 수는 없어요. 뿐만 아니라 편협한 시선으로 자신을 이해하고 있다면 언제고 문제가 생길 수밖에 없습니다. 어두운 부분은 완전히 사라지는 게 아니기 때문입니다.

> 자신의 특질 중에서 어두운 면을 부정하고 거부하면 자신도 모르는 사이 내면의 다른 곳에 그 어두움이 저장되고 축적된다. 이게 나중에는 우울한 기분, 육체적·심리적 질병, 혹은 무의식적으로 고무된 사건이나 사고로 나타날 수 있다.
>
> _ 로버트 존슨Robert A. Johnson, 《당신의 그림자가 울고 있다》, 에코의서재, 44쪽

심리적 균형 찾기,
온전한 사람이 되는 것

그러므로 우리가 진정으로 성장하고 싶다면 스스로를 평가하며 채찍질할 게 아니라, 관대한 시선으로 자신을 바라봐야 합니다. 사랑받기 좋은 면만을 체에 걸러내듯 뽑아내는 게 아니라, 못나고 불편한 부분일수록 안아줄 수 있어

야 합니다. 거기에서 시작해야 하죠.

우리가 자신의 어두운 면을 애써 보려하지 않는 이유는 간단합니다. 두렵기 때문입니다. 내가 너무 못난 사람일까 봐 두렵고, 자신의 진짜 모습이 다른 사람들에게 비난받을 까봐 두려운 것입니다. 하지만 그 못나고 두려운 일부를 인식하는 게, 내가 이상한 사람이 된다는 건 아닙니다. 망가진다는 뜻도 아니고요. 그저 스스로 알아주는 것만으로 내게 긍정적인 효과가 있다는 거예요.

당신이 두려워하는 것을 찾아라.
진정한 성장은 그 순간부터 시작된다.

_ 카를 구스타프 융

그럴 수 있을 때에야 비로소 부드러운 시선으로 세상을 대할 수도 있습니다. 타인의 흠만 찾아내는 게 아니라, 한 발 물러서서 '내게도 저런 면이 있지', '맞아, 어쩌면 나도 저러했을 텐데'라는 마음을 가질 수 있게 됩니다. 타인에게서 판단과 평가의 시선을 거둘 수 있게 되는 거죠. 이것은 자신을 있는 그대로 따뜻하게 보는 데에서 시작한다고 감히 말할 수 있겠습니다.

큰 화제를 낳았던 1990년대 대중가수 양준일 씨가 〈JTBC 뉴스룸〉에서 인터뷰하는 모습을 보았습니다. 30년 전 그는 대중에게 인정받지 못했고, 심지어 비난의 대상이 되어 한국에서 쫓겨나다시피 했습니다. 독특한 그의 스타일과 음악, 또 재미교포라는 사실이 당시에 차별과 혐오의 대상이 되었기 때문입니다. 그 당시 사람들은 자신이 수용할 수 있는 범주에서 벗어났던 그가 많이 불편했나 봅니다. 어쨌거나 그간의 삶이 녹록치 않았으리란 것만큼은 확실했습니다. 하지만 그는 어려운 시간에 대해 담담하게 "더 이상 내 과거가 괴롭지 않다"라고 말하더군요. 팬들의 진심 어린 응원과 사랑을 받고 있기에 과거의 상처가 자신을 괴롭히지 않는다고도 했죠.

너무나 괴롭고 힘들어서 삶에서 삭제하고 싶었던 그 시기를 이렇게 끌어안을 수 있게 된 건 사람들의 따뜻한 시선 때문입니다. 그가 지금까지 계속해서 편견과 혐오, 미움만 받았더라면 그 어두운 시기를 단지 '흑역사'로만 생각했을지도 모릅니다. 하지만 사람들이 보내준 따뜻한 관심과 응원이 그를 바꾸어놓은 것입니다.

사람들이 한 대중가수를 온 마음으로 응원하듯이, 우리도 자신을 그렇게 응원하면 좋겠습니다. 이처럼 내가 나 자신을 따뜻한 시선으로 바라볼 때, 내 안에 존재하는 빛과 그림자 모두를 소외되는 면 없이 껴안을 수 있습니다.

검열하지 않고
자기 자신을 바라보기

공장에서 찍어낸 게 아닌 이상, 우리 안에는 못나고 부적절한 면이 있을 수밖에 없습니다. 모든 인간은 원래 모순투성이입니다. 겉으로 친절하면서도 속으로는 누군가를 증오할 수 있고, 소박하게 살고자 애쓰면서도 한편으로는 엄청난 물욕을 가지고 있을 수도 있습니다. 대체로 의연하고 무던하게 지내면서도 어떤 면에서는 무척 까다롭고 예민할 수도 있어요. 이외에도 사회적으로 용인되지 않을 음흉하고 어두운 욕망을 지니고 있을 수 있습니다. 인간이니까요. 또 내 마음이 내가 원하는 대로만 갖춰지지는 않는 법이니까요.

그럴 때에 '어머, 내가 왜 이런 생각을 하지? 난 결코 그런 더러운 사람이 아니야' 하고 밑도 끝도 없이 자신을 포장하기보다는, '아, 때때로 이런 마음이 올라오기도 하지'

하며 받아들일 수 있어야 합니다. 민낯을 완전히 덮어버리는 두꺼운 메이크업을 하는 게 아니라, 나의 맨얼굴을 관대한 시선으로 바라볼 수 있어야 하는 겁니다. 그러면 타인에게도 이해의 폭이 넓어지고 세상에 대해서도 너그러워질 수밖에 없어요.

그렇게 용기 내어 자신의 그림자를 발견하고 마주하는 것으로 자신을 온전히 수용할 수 있다면 분명 그 사람은 성장하고 있다고 말할 수 있습니다. 자신을 혹독하게 다루었던 '타인의 시선'을 스스로에게서 거두고, 소외된 자신의 일부를 토닥이기를 바랍니다. 온전한 자신으로 성장한다는 건 그런 수용에서부터 시작될 테니까요.

잘못된 감정은
없어요

마음이 아닌
머리로만 사는 사람들

대화는 잘되지만 왠지 모르게 멀게 느껴지는 사람이 있나요? 의외로 친구나 가족 내에 그런 관계가 있을 수 있습니다. 정서적으로 연결되지 않고, 머리로만 대화할 때에 그렇죠. 자녀가 숙제를 했는지 안 했는지는 빈틈없이 확인하면서도 정작 자녀의 마음은 헤아리지 못하는 부모가 있습니다. 잘잘못을 가릴 땐 칼같이 지적하면서도 아내의 서운함이나 남편의 속상함을 전혀 감지하지 못하는 부부 관계도 있어요. 어렵게 고민을 털어놓았는데 "뭘 그런 걸 심각

내 마음을 돌보는 시간

하게 생각하냐"라고 핀잔하는 친구 관계도 있죠. 마치 가슴은 없고 두뇌만 존재하는 듯합니다.

사람과 사람의 사이가 정서적으로 연결될 때 우리는 친밀감을 느낍니다. 백 마디 말이 없어도 한 번의 눈빛만으로도 위안을 얻을 수 있는 건 그 아래에 깔려 있는 정서적 연결성 때문일 거예요. 하지만 머리로만 연결되어 있을 때는 비즈니스 관계와 다를 바 없을 겁니다.

그런데 자신과의 관계에서조차 평가, 지적, 분석을 잘하고 감정은 전혀 느끼지 못하는 사람이 많아요. 감정을 경험하고 이해하는 기능이 '마음 기능'이라면 분석하고 평가하는 것은 '생각 기능'이라 할 수 있습니다. 생각 기능만 작동시키는 사람은 무척 이성적이고 차분한 듯 보이지만 어쩐지 모르게 친밀하고 따뜻하게 느껴지지는 않습니다. 이런 분들은 상담 중에도 "지금 기분이 어떠세요?", "어떤 감정이 느껴지세요?"라고 물으면 어떤 감정인지 알아차리기보다 자신의 문제에 대해 더욱더 분석해서 의견을 내놓는 경우가 많아요.

한 사례로, 60대 여성 내담자는 최근 모임에서 여러 사람들에게 예상치 못하게 비난을 받아 황당했던 경험을 얘기합니다. 비난을 받는 일은 누구라도 불편하고 따가운 일이죠. 그녀도 그 상황을 떠올리면서 목소리가 떨리고 말이 빨라지는 등 감정이 격해지는 것을 느낄 수 있었습니다. 하지만 "지금 말씀하시면서 어떤 감정이 올라오세요? 잠깐 멈추고 지금 기분이 어떤지 느껴볼까요?"라고 물으면 오히려 더 빠른 말투로 "솔직히 나는 그 사람들을 이해한다. 내가 경험이 많지 않느냐"라는 식으로 생각을 진술합니다. 합리화시키고 빠르게 결론을 지어버리는 거죠. 어떤 느낌인지에 대한 얘기는 빠져 있고 오로지 머리에서 나온 생각만을 말합니다. 마음 깊은 곳에는 수치심과 배신감, 두려움 같은 것이 이해받기를 바라고 있을 텐데 말입니다.

이렇게 꽤 많은 분이 생각 기능만 작동시키며 살아갑니다. 오로지 머리로만 살아가는 거죠. 감정을 느끼는 걸 두려워하고 마음을 이해하는 데 익숙하지 않은 분들이 흔히 보이는 모습이에요. 이성적이고 냉정해 보이지만 저는 오히려 안타깝게 느껴집니다. 딱딱한 겉모습과 달리 내면에는 아주 연약하고 겁이 많은 아이가 숨어 있을 것만 같아서요.

내 마음을 돌보는 시간

셜리와 토니가
가까워지기까지

〈그린북〉이라는 영화에 등장하는 '셜리 박사'라는 인물을 보면서도 비슷한 느낌을 받았습니다. 영화 〈그린북〉은 1962년 미국을 배경으로, 천재 흑인 음악가 셜리가 백인 운전수 토니와 8주간 공연 투어를 다니면서 겪는 갖가지 일들을 보여줍니다. 영화는 두 사람 사이에 싹트는 우정과 당시의 인종차별 문제를 잘 그려내고 있습니다.

셜리 박사는 미국 전역에 초청될 정도로 명성과 지위를 가진 인정받는 음악가였지만, 한편으로는 차별과 편견의 대상이기도 했어요. 흑인에 대한 인종차별이 사라지지 않은 시기였고 그가 투어를 다닌 남부는 흑인 노예가 여전히 존재할 정도로 인종차별이 특히나 심한 곳이었죠. 그래서 셜리 박사는 무시당하지 않기 위해 강박적일 정도로 격식과 교양을 차리고, 이성적이고 차분한 모습을 보여줍니다. 다혈질인 데다가 자유분방한 성격인 토니와는 아주 상반된 모습이었죠. 이 때문에 둘은 초반에 서로를 이해하지도 전혀 가까워지지도 못합니다. 자동차라는 좁은 공간에 오랜 시간 함께 있으면서도요.

토니는 거침없이 감정을 표현하고, 셜리는 차가운 표정으로 일관한다는 점에서 둘 다 감정표현에는 무척 서투른 인물입니다. 하지만 아내나 친구들과 마음을 터놓고 관계를 맺는 토니와 달리 셜리는 누구와도 마음을 나누지 않는 고립된 존재로 그려집니다. 토니는 아내에게 쓴 편지에 셜리에 대해 이런 표현을 합니다.

"셜리는 항상 생각이 많은 것 같아. 하지만 즐거워 보이진 않아."

맞습니다. 예상했겠지만 셜리는 생각 기능을 많이 쓰는 인물입니다. 반대로 토니는 생생한 감정을 노골적일 정도로 표현하는 인물이에요. 그렇게 양극단에 서 있는 듯한 토니와 셜리가 극의 중반부부터 마음이 연결되기 시작합니다. 토니의 눈에 딱딱해 보이기만 하던 셜리가 몇 가지 사건을 겪으며 자신의 감정을 솔직하게 드러냈거든요.

셜리가 백인들과 어울리지 못하고 홀로 위스키를 마시며 외로움을 달래는 순간, 떠날지도 모르는 토니에게 떨리는 목소리로 함께 있어달라고 말하는 순간, "난 충분히 백인스럽지도, 충분히 흑인스럽지도 않아" 하고 오열하며 자신의 정체성에 대한 혼란을 고백하는 순간을 통해서 토니는 그제야 셜리의 엄청난 두려움과 외로움을 보게 됩니다.

내 마음을 돌보는 시간

꼿꼿하게 턱을 들고 무표정으로 일관하던 가면 아래에 숨겨져 있던 그의 진짜 마음을 본 거죠. 차츰 토니는 셜리를 마음으로 대하게 되었고, 두 사람의 관계에도 조금씩 변화가 생겼죠. 8주간의 투어가 끝날 즈음에 둘은 마침내 쉽게 끊어질 수 없는 끈으로 연결됩니다. 서로의 기분을 전혀 살피지 않던 두 사람이 심리적으로 깊어지고 가까워진 거예요.

마음을 지키기 위해
모두가 방탄복을 입고 있다

저는 셜리 박사가 극의 초반에 보여준 차갑고 꼿꼿한 모습이 낯설지 않았습니다. 우리 주위에서도 많이 볼 수 있으니까요. 길거리에서도 아니, 어쩌면 직장이나 한집에 사는 가족에게서도 쉽게 볼 수 있는 모습이지 않을까요. 딱딱한 얼굴로 타인을 경계하거나 자신을 방어하는 사람을 우리는 일상에서 흔하게 마주하곤 합니다. 누구에게도 마음을 전혀 내보이지 않겠다는 모습을요.

셜리가 그러했듯 그들 대부분은 자신을 방어하고자 그

렇게 행동하는 겁니다. 마음을 지키기 위한 방탄복을 입고 있는 거죠. 사실, 눈에 보이지 않지만 모두가 어떤 식으로든 자신을 방어하기 위해 방탄복을 입고 있는 셈입니다.

'방어'는 진짜 감정이 상처입지 않도록 도와주는 일종의 보호 장치와도 같습니다. 두려움이나 분노와 같은 격렬한 감정은 보호 장치 없이는 감당하기가 어렵기 때문입니다. 또 일과 공부에 몰두해야 하거나 사회생활에서 감정을 처리해야 할 때, 우리는 그 시간과 에너지를 아끼기 위해 감정과 적절히 거리를 둡니다. 자신이 처한 상황에 적응하며 살아가기 위해 늘 방어 전략을 사용하고 있는 겁니다.

방어에는 다양한 종류가 있습니다. '농담'이나 '웃음'은 매우 흔하게 쓰이는 방어 전략입니다. 대화 도중에 너무 무거운 얘기가 나오거나 어색한 침묵이 흐를 때 누군가 농담으로 분위기를 전환시키는 경우를 생각해보시면 이해가 쉬울 것 같아요. 또 '걱정'이나 '비판'도, 말을 하지 않거나 반대로 말을 많이 하는 것도 방어에 해당합니다. 누군가 나를 불편하게 했을 때, 아예 입을 닫는 사람이 있는가 하면 갑자기 말이 많아지는 사람이 있잖아요. 이 또한 감정의 손상으로부터 자신을 지키는 방법이죠. 무엇보다 앞서 말했던 '감정을 아예 차단하고 생각 기능만을 작동시키는 것'도대표적인 방어 전략입니다. 비판이나 분석 같은 작업을 통해 상황을 넘어가려고 하는 겁니다.

　문제는 방어가 상황에 적응하는 수단으로 작동하지 않고 오히려 자신을 더 아프게 하는 경우입니다. 공격성이나 자기비판과 같은 방법으로 자신이나 타인을 다치게 하는 경우, 또 감정을 지나치게 차단해서 자기 자신과 완전히 멀어지는 경우가 해당됩니다. 자신의 감정과 전혀 연결되지 못하면 결국 우울해질 수밖에 없습니다. 셜리 박사의 경우도 방어가 결국엔 그를 더욱 외롭고 힘들게 만들었다고 볼 수 있어요. 이렇게 자신을 상처 입히는 방식으로 작동한다면 그건 더 이상 방어가 아니지 않을까요? 또 지나치게 방어에 에너지가 소모되는 경우도 문제가 될 수밖에 없고요.

　위의 경우처럼 나를 지켜주지 않는데도 불구하고 사람들이 방어 전략을 계속 쓰는 이유는 무엇일까요? 두 가지 이유가 있습니다. 첫째, 감정을 다루는 데에 서툴기 때문입니다. 방어를 쓰지 않으려고 해도 감정을 어떻게 느껴야 하는지 어떻게 돌보아야 하는지를 모르는 탓에 결국 습관으로 돌아가는 거예요. 둘째, 감정을 느끼거나 표현하는 게 잘못된 태도라는 믿음 때문입니다.

　이 두 가지 이유 모두 어린 시절과 관련이 있습니다. 감정을 다루는 방법은 생애 초기에 형성됩니다. 아주 어렸을 때 어떤 방어도 습득되지 않았던 시절, 우리는 누구나 감정을 온전히 느끼고 표현했습니다. 울고 떼쓰고 두려워하고 또 숨이 넘어갈 정도로 웃기도 하고요. 시간이 지나며 양육자와의 관계 내에서 이를 조금씩 조절하기 시작합니다. 부모님이나 돌봄을 주는 어른들을 통해서 학습하는 것입니다. 그때에 충분히 공감을 받고 수용을 받은 경험이 있으면 건강하게 감정을 처리할 줄 알게 됩니다. 예를 들어, "○○가 너무 서러웠구나", "○○가 화가 많이 났구나" 하고 공감의 언어를 먼저 듣게 되면 적어도 내 감정이 잘못되었다는 인식은 하지 않는 거죠.

하지만 많은 경우 어른들은 아이들의 감정적인 반응에 "왜 이렇게 예민하게 굴어?", "남자답지 않게 왜 울고 그래", "뭘 그렇게 겁먹어", "이정도로 화낼 일 아니야. 화내지마"와 같은 피드백을 주기 마련입니다. 아이의 입장에서는 격렬한 감정에 대해서 일단 혼나고 시작하는 거죠. 나의 감감정이 존중받는 게 아니라 감정 자체가 부정당하게 되는 겁니다. 그러면 자연스럽게 '내 감정이 부적절하구나' 하고 이해하게 됩니다. 어떻게 대처해야 할지를 배우기보다는 무조건 감정은 차단해야 되는 것으로 인식하는 거죠. 자연

내 마음을 돌보는 시간

스럽게 '감정은 나쁜 것'이라는 믿음을 갖게 되고요.

이런 단계를 통해 어떤 이들은 감정을 감추고 무시하는 방식을 취하고, 어떤 이들은 아예 차단해버리기도 합니다. 각자 여러 가지 방어를 장착하는 겁니다.

잘못된 감정은 없다

소위 '감정적인 사람'이라고 하면 부정적으로 생각하기 쉽습니다. 감정을 스스로 어떻게 돌보느냐가 문제지, 감정 그 자체가 문제인 건 아닙니다. 감정을 느끼고 이해하는 것과 표현하는 것은 또 다른 문제입니다. 분노를 억압해야 된다는 뜻이 아니죠. 막무가내로 분노를 표출하는 게 나쁘다고 해서 분노라는 감정을 전혀 느끼지 말라는 게 아닙니다. 본인이 화가 났음을 인식하고 어떻게 대처할지 선택하는 일은 무척 중요한 문제입니다. 감정은 무시하면 어떻게든 대가를 치르게 되어 있습니다.

마음을 다루는 데에 서툰 분들은 어렸을 때 감정을 수용 받지 못한 경험을 가지고 있는 경우가 많습니다. 양육자에게 감정을 존중받은 경험이 없으면 자신 스스로 감정을 어떻게 받아들여야 하는지 터득하기가 어렵습니다. 이건 문화와도 관련이 있어요. 한국은 희노애락의 감정을 드러내기보다는 절제하는 것을 미덕이라고 여겨왔습니다. 서양인에 비해서 동양인이 감정 표현의 폭이 넓지 않은 것도 같은 맥락입니다. 그 덕에 우리는 포커페이스를 잘 유지하는 재능을 가졌지만, 한편으로는 자신의 생생한 감정을 잃어버렸죠. 가장 안타까운 건 이 때문에 대인관계에서 마음으로 연결되기가 어렵다는 것입니다. 비즈니스 관계가 아닌 개인적인 관계에서는 생각 기능과 마음 기능이 적절히 어우러져야 서로를 배려하고, 온기를 나눌 수가 있습니다. 이런 관계는 살아가는 데에 엄청난 힘이 됩니다.

소중한 사람과는 머리만이 아닌 가슴으로도 연결될 수 있기를 간절히 바랍니다. 그리하여 때로는 그들로부터 힘을 얻고 위안을 줄 수 있으면 좋겠어요. 자녀가 숙제를 했는지보다 오늘 하루 속상한 일은 없었는지 묻는 부모, 아내가 직장에서 짜증나는 일은 없었는지 물어주는 남편, 혹시나 남편에게 내가 모르는 슬픔이 있지는 않은지 살피는 아내, 친구의 괴로움을 마음으로 이해해보려는 친구가 늘어나는 풍경을 기대합니다. 그런 모습을 상상하고 있자니 벌

내 마음을 돌보는 시간

써 마음이 채워지는 것 같습니다.

그러려면 자신의 감정을 이해하고 알아주는 것에서부터 시작해야 한다는 걸 기억하세요. 스스로에게 이런 질문부터 시작해보는 건 어떨까요. 불편한 상황이라는 생각이 들 때는 마음속으로 '지금 나를 불편하게 하는 가장 주된 감정이 무엇이지?'라고 질문해보세요. 그리고 하루를 마무리하는 순간에는 '오늘 나를 가장 힘들게 했던 일이 무엇이었지? 그때 내가 느낀 기분과 주된 생각은 무엇이었지?'라고 스스로에게 묻는 거예요. 마치 따뜻하고 다정한 엄마가 어린아이에게 "오늘하루 어땠어?"라고 묻는 것과 같죠. 그렇게 하나씩 시작해보는 겁니다. 익숙해지면 더 자주, 더 세심하게 나를 살필 수 있을 거예요.

부디 나만의 생생하고 맑은 감정을 잃지 마시기를 바랍니다.

아이를 돌보듯
나를 돌보기

방탄소년단에게 배우는

건강한 자기애

　모임에 한 동료가 두 살배기 딸을 데려왔습니다. 두 살 아이는 사랑스러움 그 자체죠. 아이가 서툴지만 스스로 숟가락질을 해서 밥을 먹습니다. 사람들은 일제히 "아이고, 우리 민채 잘 먹네" 하며 칭찬합니다. 사랑받는 아이의 삶이란 이렇게 숟가락질 한 번으로도 인정을 받는 거죠. 그런 인정을 통해 아이는 숟가락질만이 아니라 젓가락질도 하게 되고, 한글도 배우며 점차 성장해나갈 겁니다. 이처럼 한창 커 나갈 때 무조건적인 격려는 필수입니다.

어른들도 이렇게 인정과 격려를 받을 수 있다면 얼마나 좋을까요. '아이고, 오늘도 스스로 일어났네. 와, 오늘도 출근을 했네. 오늘도 밥을 참 잘 먹네. 오늘 하루도 무사히 보냈네. 대단해!' 이렇게 말입니다. 매일매일 이런 무조건적 격려를 받을 수만 있다면 우리도 더 성장할 수 있을 텐데 말이에요. 하지만 어른들의 삶에서는 격려는커녕 오히려 따가운 일들만 가득 합니다. 아무리 최선을 다해도 취업의 문턱을 넘기는 힘들고, 회사에서 열심히 성과를 내도 진급에서 누락되기도 하죠. 또 아내의 눈치를 보는 남편, 자녀의 눈치를 보는 부모처럼 가정에서조차도 지지를 받지 못하는 경우도 많고요. 어디 그뿐인가요. 우리는 스스로를 비난하는 데에 최적화되어 있습니다.

특히나 요즘은 살기가 팍팍해져서 그런지 사람들이 스스로에게 더욱 엄격해진 것 같습니다. '더 잘해야 해. 돈을 많이 벌어야 해. 좀 더 예뻐져야 해. 더 날씬해져야 해. 실수하면 안 돼'라면서 좀처럼 스스로를 격려해주지 않죠.

그런 이들에게 이미 잘 알려진 국내의 아이돌 그룹 '방탄소년단'에 대해 얘기해주고 싶습니다. 그들은 지난 앨범의 주제를 '러브 유어셀프Love Yourself'로 정하고, 유니세프와 함께 '진정한 사랑은 나 자신을 사랑하는 것에서부터 시작한다'는 메시지를 전하는 캠페인을 벌였습니다. 아티스트가 할 수 있는 방식으로 선한 영향력을 행사한 거죠. 세계적으로 유명하다 보니 팬덤이 엄청나서 그 영향력은 빠르고 넓게 퍼져나갔습니다. 그렇지만 이런 효과가 단지 그들의 인기 때문만은 아닐 거라 짐작합니다. 사랑받으며 살기를 간절히 원하지만 정작 스스로를 사랑하지 못하는 많은 현대인에게 그 메시지가 진심으로 가닿았던 게 아닐까 싶어요. 메시지가 갖는 힘과 필요성이 컸던 거죠. 더욱이 메시지는 너무나 구체적이고 명확했습니다. 그들은 기회가 있을 때마다 또렷하게 목소리를 냈습니다. 다음은 방탄소년단의 리더 알엠이 유엔에서 했던 연설의 일부입니다.

어제 실수했더라도 어제의 나도 나이고, 오늘의 부족하고 실수하는 나도 나입니다. 내일의 좀 더 현명해질 수 있는 나도 나일 것입니다. (…) 저는 오늘의 나이든, 어제의 나이든, 앞으로 되고 싶은 나이든, 제 자신을 사랑하게 됐습니다.

요즘 우리에게 필요한 말은 나를 사랑하는 방법에 대한 게 아닐까요. 나를 몰아세우는 훈계가 아니라요. 불완전한 나 자신을 있는 그대로 받아들일 수 있을 때, 건강한 자

내 마음을 돌보는 시간

기애로 나를 지킬 수 있습니다. 그래야 누군가 나를 하찮게 생각하고, 무가치하게 여길 때라도 내가 무너지지 않을 수 있어요. 이 연설이 더욱 의미가 있었던 건 심리학에서도 화두가 되고 있는 '자기 돌봄self-care'의 내용을 정확하게 반영하고 있기 때문입니다.

미국의 임상심리학자 타라 브랙Tara Brach은 방탄소년단의 '러브 유어셀프'의 메시지와 동일한 주제인 '자기를 사랑하는 법'에 대해 연구하고 책을 써냈습니다. 그녀는 《자기 돌봄》이라는 저서에서 우리가 자기계발이라는 강박에 사로잡혀 있다고 지적합니다. 자신이 세운 기준, 사회가 부과하는 기준이 현재 자기 모습과 너무 멀기에 자꾸 스스로를 부족하다고 여기게 된다고 해요. '좋은 엄마'나 '능력 있는 직장인'과 같은 이름을 따내기 위해 부단히 노력하는 삶이라는 거죠. 동의합니다. 우리는 어릴 때부터 '좋은 사람'이 되기 위해 얼마나 노력해왔던가요. 그리고 그건 끝이 없는 노력 아니던가요.

타라 브랙은 '나는 있는 그대로 완전한 존재'라는 것을 인식하는 게 중요하다고 말해요. 자신을 완전한 존재로 받아들일 수 있어야 마음껏 살아가고, 마음껏 사랑할 수 있다는 거예요.

연설문의 의미와도 일치하지 않나요? 실수하고 부족한 나도, 더 나아질 수 있는 나도 나라고 받아들이는 것. 그것이야말로 있는 그대로의 나를 온전히 받아들이는 겁니다. 제 생각엔 심리학자의 말보다 방탄소년단의 연설문이 더 이해하기 쉽게 풀어져 있다는 생각이 드네요.

자기 돌봄은 나를
괴롭히지 않는 것에서부터

본래 자기 돌봄은 "나를 괴롭게 하는 생각의 쳇바퀴를 멈추고, 순간순간 깨어 있으면서 내 마음을 관찰하고 진짜 '나'를 인식하여, 마침내 나를 사랑하고 온 세상을 껴안기"에 이르는 과정 전체를 뜻합니다. 나를 괴롭히는 생각을 멈추는 게 시작이에요. 그래서 타라 브랙은 자기 비하와 비관을 막을 수 있는 데에 도움을 주는 '위빠사나 명상'을 실천하기를 권했어요.

자기 자신을 잘 돌보기 위해서는 자기 비하처럼 자신을 가혹하게 대하는 태도는 전혀 도움이 되지 않죠. 누구보다 자기 자신을 관대하게 대해주지 않으면 무조건적인 격려를 다른 누군가에게 얻기란 어려울 테니까요. 이 때문에 스스로를 돌보기 위한 '자기 자비self-compassion'는 현대인에게 몹시 중요한 키워드입니다. 특히 내가 힘들고 지칠 때, 더욱더 나에게 친절하고 너그럽게 대하는 게 필요합니다. 다시 일어날 힘을 얻기 위해서 말이죠.

개인의 자기 자비의 수준을 높이면 우울과 스트레스를 낮추는 데에 효과가 있다고 여러 연구를 통해 확인되었기 때문에, 자기 자비는 실제로 심리상담의 현장에서 많이 적용되는 방법입니다. 하지만 꼭 심리상담을 받아야만 높일 수 있는 태도는 아닙니다. 혼자서도 자기 자비를 쉽게 실천해볼 수 있어요.

가장 쉬운 자기 자비의 방법은 자기 자비의 언어를 사용하는 것입니다. 나 자신에게 대화를 건네는 거예요. '언어'는 인간을 움직이게 하는 아주 강력한 무기입니다. 언어 때문에 사람이 죽기도 하고 살기도 해요. 생각해보세요. 누군가 툭 던진 한마디 때문에 상처 입은 경험이 있지 않나요? 반대로 누군가의 따뜻한 한마디로 인해 위로받은 경험은요? 그처럼 언어가 내 머리에 새겨지는 순간 우리 마음에 강력한 영향을 끼칠 수밖에 없습니다.

이 때문에 자기 자비의 마음을 단지 마음으로만 지니기보다는 언어로 표현하는 게 필요해요. 나 자신에게 "잘했어. 수고했어. 애썼어"라고 말해주는 겁니다. 될 수 있는 한 자주, 반복적으로요. 그 외에도 나에게 꼭 필요한 말, 누군가로부터 듣고 싶은 말을 나에게 해줄 수 있겠죠. 열심히 노력한 뒤에 원하는 만큼 성과가 나지 않았을 때 나를 다그치기가 쉽습니다. 이제부터는 나를 격려해주는 말을 건네보세요. 어떤 말이 좋을까요?

앞서 등장했던 방탄소년단을 다시 등장시켜 도움을 받아볼게요. 방탄소년단의 맏형인 '진'은 한 해 동안 수고한 본인에게 한마디 해보라는 어느 인터뷰에서 "너의 수고는 너 자신만 알면 돼"라고 말했습니다. 많은 사람에게 깊은 인상을 남겼는지 계속해서 회자되고 있는 말이에요. 왜 그럴까요. '내가 얼마나 애썼는지 나 자신은 잘 알고 있다'는 격려이자, '남들이 몰라준다고 해도 너무 낙담할 필요는 없다'는 위로도 담겨 있습니다. 그야말로 자기 자비의 마음을 가득 담고 있는 문장이에요.

대중의 사랑과 관심, 인정으로 먹고 살아가는 연예인의 입장에서, '나의 노력을 몰라준다는 것'은 치명적인 결핍을 만들어낼지도 모릅니다. 하지만, '너의 수고는 너 자신만 알면 돼'라는 마인드라면 인정받지 못할 때라도 무던하게 그 시기를 넘길 수 있을 거예요. 실제로 방탄소년단은 초기에 크게 인기를 얻지 못하던 시절을 견디면서 더 단단하고 내실 있는 아티스트로 거듭날 수 있었어요. 그들의 성공담 뒤에 맏형의 자기 자비의 태도가 자리하고 있지 않을까 추측해볼 수 있습니다.

이는 꼭 대중 앞에 서는 연예인이 아니라도 모두에게 필요한 마음가짐이에요. 타인의 관심과 인정은 모든 인간에게 영향을 주는 사회적 보상입니다. 우리는 분명히 나름대로 최선을 다해 노력을 해놓고도 남에게 인정받지 못하면 스스로를 형편없다고 생각하는 경향이 있습니다. 하지만 '나'만큼은 그 수고에 대해 명확히 알고 있죠. 다른 누구도 아닌 나만이 그 노력과 수고를 알기 때문에 그것을 알아줘야 할 첫 번째 사람도 '나'입니다. 나의 행복과 안녕을 빌어주면서 자기 자비의 언어로 자신을 격려해주세요. 이렇게 말이에요.

"너의 수고는 너 자신만 알면 돼. 정말 애썼어."

나에게 보내는
무조건적인 격려의 힘

나 자신을 격려하고 친절하게 대하는 태도가 자리 잡아 나를 일으키기 시작하면 점차 강력한 힘을 발휘할 것입니다. 그 힘은 자신에게서 그치지 않습니다. 자연스럽게 타인을 보는 눈도 달라지기 때문입니다. 타인을 이해하는 폭이 넓어지고, 친절하고 관대해지죠. 자기 자신을 자비롭게 바라볼 줄 아는 사람이라면 당연히 타인에 대해서도 함부로 대하지 않겠죠. 그만큼 내 마음을 불편하게 하는 게 적어지기 때문입니다. 그렇게 주변 사람들의 행복과 안녕에 기여하게 되면서, 그들로부터 자연스럽게 친절과 따뜻한 배려를 받게 됩니다. 모든 게 상호 작용이기 때문에 선순환을 하는 거예요. 그러면 이 파장은 점차 넓어집니다. 주변 사람, 주변 사람의 주변 사람에까지 퍼져나가요. 상상이 되시나요.

하지만 아무리 넓게 영향력을 끼치는 힘도 자기 자신에서부터 시작해야 한다는 사실을 명심했으면 좋겠습니다. 각자도생의 이 사회에서 스스로에게 칭찬을 해줄 유일한 사람은 나 자신뿐이죠. 어린아이의 숟가락질 한 번에도 후

한 칭찬을 해주듯이 나 자신을 후하게 대해주어야 한다는 거예요.

저는 요즘 잠들기 전 어떤 식으로든 저 자신에게 칭찬을 해줍니다. 목표치만큼 글을 쓰지 못했다면 '몇 줄이라도 써내느라 고생했다' 아무것도 한 게 없는 듯한 날에는 '오늘하루 무탈하게 보내느라 고생했다'라고 마음속으로 말합니다.

하루를 이미 다 보낸 그 시간 침대에 누워서 나를 다그치면 뭐합니까. 침대에 누워서 숙제나 업무를 할 것도 아니고요. 그 시간에는 잘 자는 게 가장 중요한 일입니다. 잘 자야 내일 하루를 기분 좋게 시작할 수 있을 테고요. 잘 잠들기 위해서는 나를 아이처럼 대해줘야 합니다. 아이를 달래듯이 '잘했다. 애썼다. 오늘도 고생 많았다.' 이렇게 무조건적인 격려가 필요하죠.

그런 따뜻한 말이 쌓여서 내일을 살아가는 힘이 됩니다. 마음 놓고 잠들 수 있습니다. 꾸역꾸역 살아야 하는 내일이 아니라 그럭저럭 살아볼 만한 내일이 기다리고 있기 때문입니다. 나를 다그치는 한 내일 또한 두렵고 스스로 몰아세워야 하는 시간일 테니까요.

나이가 들수록 주위 환경은 더 각박해질지도 모릅니다. 다들 자기 삶을 살아내느라 고군분투하고 있기 때문이겠죠. 인사만 잘해도 칭찬해주던 어른들은 이제 철 좀 들라며 다그치는 존재로 변해 있을지도 모르겠습니다. 더 대단한 사람이 되라는 이유로 지금의 당신은 너무 부족하다는 메시지를 자꾸 던질 수도 있어요. 하지만 적어도 나는 나의 수고를 알고 있습니다. 오늘밤 자기 전에는 힘겨운 하루를 보냈을 나 자신에게 이렇게 말해보는 건 어떨까요. "아이고, 오늘도 참 잘 살아냈네. 기특해"라고요. 그렇게 잠들기 전만이라도 아이를 돌보듯 나를 돌보는 시간을 가진다면 내일 하루 정도는 살아갈 만해질 겁니다. 살아갈 만한 하루가 모이면 살아갈 만한 인생이 되는 거죠. 지금 잠을 청하려는 모든 분들에게 살아갈 만한 내일이 주어지기를 간절히 바랍니다.

자기중심성에서
몇 걸음 물러나기

다른 사람을
이해하기 어려운 이유

앞서 1장에서 말씀드렸던 것처럼, 우리는 각자의 우주 속에 살고 있습니다. 아무리 가깝고 마음이 잘 통하는 사람이라고 해도 나는 그 사람이 될 수 없고, 그 사람 또한 온전히 내가 되어볼 수는 없어요. '나'로 태어나 평생을 '나'로 살아가야 하는 이상, 나만을 중심에 놓고 생각하며 살아갈 수밖에는 없죠.

물론, 다른 사람의 입장을 전혀 생각하지 않는 건 아니에요. 누구나 상황에 따라서 타인의 입장이 되어보려고 노력합니다. 부모는 아이의 입장, 자녀는 부모님의 입장, 직장 상사는 부하직원의 입장, 부하직원은 상사의 입장, 때로는 우리 집 강아지의 입장을 생각해보기도 해요. 이렇게 서로를 이해해보려고 노력하며 살아가죠. 하지만 그 모든 게 결국은 타인 중심의 생각이 아니라 '타인 중심이라고 믿는' 내 생각입니다. 추측할 뿐인 거죠. 그 추측이 종종 사실과 어긋나 오히려 상대를 더 다치게 하는 경우도 생기고요.

지독한 자기중심성은 다른 사람을 있는 그대로 보지 못하게 함으로써 괴로움을 줍니다. 특히 자신의 복잡다단한 생각 속에 갇혀 있을 경우에요. 그럴 때 고약한 자기중심의 틀로부터 몇 발자국 물러날 수만 있어도 갈등을 피하고 마음이 덜 괴로울 수 있는데요. 그런 거리두기를 도와주는 게 '아몰라 모드'와 '슬로우 모드'입니다.

생각을 끊어내는 지혜, 아몰라 모드

한때 "아몰랑~"이라는 말이 유행어처럼 쓰이더군요. 어떤 책임을 회피하려는 의도를 담고 있는 듯합니다. 하지만

내 마음을 돌보는 시간

"몰라"라는 체념 섞인 표현을 스스로에게로 가져와서 활용하면 꽤 도움이 됩니다.

　사람들은 보통 괴로운 생각에서 벗어나기 위해 끊임없이 생각을 합니다. 이상하죠? 상념에서 도망친 곳이 또 다른 상념이라는 거예요. 생각이 꼬리에 꼬리를 물어 나를 집어삼키는 거대한 생각이 됩니다. 자기만의 논리에 갇히는 셈이에요. 그러면 불안했던 우리는 더 불안해지고, 화가 났던 나는 더 큰 분노에 차오르게 되고, 우울은 깊어져갑니다.

　그때는 생각으로 도망치는 게 아니라 생각을 끊어내는 지혜가 필요해요. 그런 상황에서 '아몰라 모드'를 켜는 겁니다. '아, 몰라!'라고 속으로 외치고 생각을 더 이상 이어가지 않는 것입니다. 'STOP' 버튼을 누르는 것과 같아요. 현실로 돌아오는 거예요. 생각 속에 빠져 있었던 나를 알아차리고 지금, 여기에 일어나고 있는 일들에 집중하기 시작하는 겁니다.

　왜 그렇게 해야 할까요? 아무리 머리를 굴려도 우리는 고민하는 문제의 답을 알 수 없는 경우가 많습니다. 걱정의 대부분은 현실로 일어나지 않는 일들입니다. 또 타인의 이해할 수 없는 행동과, 답답한 상황에 대해서 아무리 골똘히 생각해도 알 수 있는 뾰족한 답은 없어요. 예를 들어 오늘

직장에서 동료와 약간의 오해가 있어서 불편해진 상황이 있었다고 칩시다. 문제가 제대로 해결되지 않아서 찜찜한 마음으로 퇴근을 했어요. 내 의도는 그게 아니었는데 동료가 내 행동을 악의적으로 해석하는 것 같아서 억울하고 분하고, 그 사람이 밉기까지 합니다. 이런 상황이 짜증나기도 하고요. 이 문제에 대해서 지금 당장 생각을 통해 해결할 수 있는 것은 아무것도 없으나 잠자리에 누워서까지 한참을 붙잡고 있습니다. 그 생각 속에서 동료는 자꾸만 미워지고('걔는 왜 그런 식으로 말을 한 거야?') 억울함은 커져만 가고 급기야 회사생활 전체에 회의감이 듭니다. ('내가 돈 벌려고 이렇게까지 살아야 해?') 그뿐인가요. 나아가 인생을 비관하기에 이릅니다. 작은 에피소드가 무려 인생 전체를 뒤흔드는 사건으로 커져버린 겁니다.

이렇게 우리는 생각 공장을 돌려서 상황을 과장하고 왜곡하며 때로는 없는 사실까지 지어내기도 하죠. 하지만 실제로 있었던 사건 자체는 변함이 없습니다. 과거의 일이기 때문에 종결된 사건이지만, 마음속에서 계속 붙잡고 있기 때문에 진행형의 일처럼 느껴지죠. 그 문제에서 떨어져 나오지 않는 한 내 마음에 계속 영향을 주는 겁니다. 대부분이 부정적인 영향이고요.

내 마음을 돌보는 시간

하지만 생각이 뻗어나가려 할 때 깔끔하게 '아, 몰라!' 하고 매듭지을 수 있다면 부정적인 영향에서 자유로울 수 있습니다. 그러고는 지금 내 눈앞의 것, 내 귀에 들리는 것, 또 호흡하고 있는 나의 숨에 집중하면 됩니다. 이 방법은 심리치료의 한 종류인 게슈탈트 심리치료의 기본 바탕이기도 합니다. 게슈탈트 치료의 창안자이자 심리학자인 프리츠 펄스Fritz Perls가 "생각을 버리고 감각으로 돌아오라"라고 말한 것과 같은 뜻을 담고 있어요. 생각의 고리를 끊고 나의 감각에 집중해보는 거죠.

자꾸만 생각으로 도망치는 습관은 우리의 삶을 복잡하게 만듭니다. 머릿속의 세계는 무한히 무거워지고 또 무한히 어두워질 수 있어요. 생각 속에서는 뭐든지 가능하거든요. 지구도 멸망시킬 수 있어요. 하지만 그것을 멈추고 현실, 바로 '지금, 여기'를 볼 수 있다면 우리는 단순해질 수 있어요. 보다 쉬워집니다. 세상은 나를 괴롭히는 곳이 아니라 세상 그 자체로 존재할 뿐입니다.

세상은 생각보다 단순해요. 세상을 단순하게 보기 위해서 내 마음도 연습이 필요합니다. 계속 무언가를 덧씌우는 게 아니라 있는 그대로 보려는 연습을 하는 거죠. 그렇지 않으면 생각이 나를 가두어서 현실로 한 발짝도 나가지 못할 테니까요.

자동적인 반응에서 수동적인 반응으로, 슬로우 모드

두 번째 방법은 슬로우 모드입니다. 한국 사람들은 특히 '빨리빨리' 태도를 좋아하죠. 또 요즘은 자동화와 인터넷 덕분에 뭐든지 빨리빨리 할 수 있어서 그에 익숙해지기도 했어요. 하지만 이 속도에 대한 익숙함이 때로는 우리를 괴롭게 만듭니다.

우리의 정신체계는 두 가지로 나눌 수 있습니다. 심리학자 키스 스타노비치Keith Stanovich와 리처드 웨스트Richard West는 이를 시스템1과 시스템2로 구분하였습니다. 쉽게 말해 시스템1은 '빠르게 생각하기', 시스템2는 '느리게 생각하기'입니다. 시스템1은 빠르게 작동해 즉각적이고 말초적으로 판단하도록 하죠. 즉, 습관적인 반응입니다.

반대로 시스템2는 느리고 이성적인 작동 방식으로, 여러 입장을 고려하고 신중하게 판단하도록 하죠. 따라서 시간이 많이 소요되는 의식적인 반응입니다.

내 마음을 돌보는 시간

우리는 일상에서 주로 시스템1에 의존해서 살아갑니다. 효율적이기 때문이에요. 예를 들어, 우리는 낯선 사람을 만났을 때 그 사람의 첫인상만으로 경계해야 할 대상인지를 판단합니다. 인상착의나 말투, 태도를 통해 금세 '아, 저 사람은 나랑 안 맞아. 멀리해야지' 하고 선을 긋죠. 무의식적으로 일어나기 때문에 이런 판단 과정을 알아차리지는 못해요. 어쨌거나 만나는 모든 사람을 공들여서 보고 신중하게 판단할 시간도 에너지도 없으니 시스템1이 작동하는 것은 자연스러워 보입니다.

하지만 시스템1이 가진 함정이 있습니다. 오류를 발생시킨다는 점이에요. 빠르고 효율적인 대신에 적중력이 떨어지죠. 이렇게 오류를 일으킬 수 있는데도 우리는 시스템1의 판단을 확고하게 믿는 경향이 있습니다.

그러면 어떻게 해야 할까요? 우선은 시스템1을 통한 판단에 대한 과도한 확신이 고집으로 나아가는 걸 경계할 필요가 있어요. 시스템1과 시스템2의 적절한 균형이 필요합니다. 즉각적인 반응에만 의존할 게 아니라 천천히 판단하려 의식적으로 노력해야 합니다. 빨리빨리 결론을 내리려는 습관을 버릴 필요가 있죠.

보통 우리는 타인이나 상황에 대해 쉽게 분석해버립니

다. '○○ 때문에 이렇게 돼버렸다'라는 식으로요. 극단적으로는 '내 인생이 망한 건 다 너 때문이야!'라고 결론내리고 관계를 파국으로 끌고 가기도 하죠. 하지만 그 분석은 틀릴 때가 많아요. 또 정확하게 파악할 수 없는 경우는 더더욱 많고요.

그런데도 우리는 결론짓고 싶어 하고 인과관계를 확실히 하고 싶어 하는 욕구가 강합니다. 그래야 뭔가 깔끔하다는 느낌이 들기 때문이에요.

우리는 태어날 때부터 인과관계가 있다는 '느낌'을 갖는 게 분명하다. 하지만 이 느낌은 인과관계 유형을 논리적으로 따진 결과가 아니다. 시스템1이 작동한 결과다.

_ 대니얼 카너먼, 《생각에 관한 생각》, 김영사, 122쪽

자동적 사고가 우리 발목을 잡을 수 있다는 점을 기억해야 합니다. 그러고는 다시 한번 곰곰이 생각해보는 거죠. '내 생각이 과연 옳은 걸까?'라고요. 내 분석과 판단이 틀릴 수도 있다는 여지를 열어놓으세요. 그것만으로도 관계의 많은 갈등, 마음의 괴로움을 피할 수 있어요.

핸드폰을 매너모드로 변경하는 것처럼 우리 마음도 필

요에 따라 모드를 변경할 수 있다면 훨씬 유연하게 살아갈 수 있을 것입니다. '아몰라 모드'는 '나는 결코 다 알지 못한다'는 겸손한 자세로, '슬로우 모드'는 '나는 섣불리 모든 걸 결론짓지 않겠다'는 지혜로운 자세로 세상을 대하게 하겠죠. 그러면 나를 울리던 고약한 자기중심성이란 벽이 허물어지고, 세상과 내가 더욱더 유연하게 연결될 거예요.

수많은 사람이 타인 때문에 고통을 호소하고 있는 순간에도 어떤 사람들은 분명 사람의 힘으로 살아갑니다. 타인이 주는 위로와 용기를 통해 힘을 내고, 힘든 순간에 소중한 사람들의 말 한마디, 따뜻한 눈빛을 통해 내일을 살아갈 힘을 얻어요. 사람들과의 협력과 조화의 힘은 두말할 필요도 없죠. 말씀드린 두 가지 모드에 친숙해진다면 여러분도 충분히 그 힘을 얻을 수 있으리라 믿습니다. 타인을 있는 그대로 보지 못하는 고약한 자기중심성으로 인해 그 모든 혜택을 놓치는 일이 없기를 감히 바랍니다.

4
장

뺄수록

건강해지는 마음

마음 미니멀리스트, 핸드폰부터 뺍니다

더하기가 아닌
빼기의 삶

우리는 '더하기'가 아닌 '빼기'의 행위에서 안전해지고 평화로워집니다. 모든 게 과해진 현대사회에서는 특히 그렇습니다. 자녀 양육이나 교육도 과해서 생기는 문제가 넘쳐나고요. 못 먹어서 생기는 문제는 드물어도 과식으로 인한 소화불량과 위장 장애는 빈번합니다. 교통체증과 주차 전쟁도 자동차가 너무 많은 탓이고, 심지어 사랑도 지나쳐서 폭력이 되는 시대죠.

미니멀 라이프가 유행인 건 이유가 있는 거겠죠. 웬만한 것들이 차고 넘치는 세상에서 적절히 필터링하는 능력이 지혜입니다. 더하기가 아닌 빼기의 삶이 필요해요.

엄청난 디지털 정보의 홍수 속에서 헤엄치면서 우리의 주의력은 점차 쇠퇴할 수밖에 없습니다. 주의산만함이 기본적으로 장착된 인간이, 문명의 발달 때문에 점점 더 주의력이 약해지고 있어요. 그럴수록 마음은 더 취약해질 수밖에요.

마음에게 진짜로
필요한 것

마음이 평온해지는 원칙은 간단합니다. '지금, 여기에 머무르는 것', '판단과 평가 없이 한 가지에 주의를 기울이는 것'이 그 원칙입니다. 하지만 핸드폰은 이 두 가지 모두를 방해합니다. 그렇기 때문에 핸드폰을 보는 것은 진정한 휴식이 될 수 없어요. 단지 나를 괴롭히는 일상의 문제에서 잠깐 주의를 빼앗는 정도의 역할을 할 뿐이겠죠. 자동차로 치면 공회전을 하는 거예요. 계속 연료가 새어나가고 있죠.

우리는 마음이 초조하고 산만해질 때 습관적으로 핸드

　　　　　　　　　내 마음을 돌보는 시간

폰을 더 자주 켭니다. 왜냐하면 불안할수록 마음의 공백을 견디지 못하니까요. 오랜 시간을 통해 그렇게 습관이 길러져 왔고요. 그렇지만 핸드폰으로 접하는 수많은 정보들도 (아무리 재미있는 거라고 하더라도) '자극'입니다. 마음에게 진짜로 필요한 건 '새로운 자극'이 아니라 '여백'이에요.

그렇기에 일상에서 시도해볼 수 있는 실천법을 소개해볼까 합니다.

(1) 핸드폰을 시야에서 떨어뜨려 놓는 환경 만들기

애인과 맛있는 식사를 하고 있는 순간에도 테이블 위에 핸드폰이 있으면 상대방에 대한 집중력이 떨어집니다. 테이블 위에 뒤집어져 있는 핸드폰이 내 주의를 계속 빼앗아가고 있는 거죠. 강력한 힘을 가진 놈이에요. 물론 우리의 주의력이 그만큼 민감한 탓이겠지만요.

그래서 의도적으로 핸드폰을 내 눈에서 제거시키는 노력이 필요합니다. 눈에서 멀어지면 마음에서도 멀어지니까요. 어느 정도 내가 능동적으로 충동 조절을 할 수 있기까지는 환경을 형성하는 게 무척 중요합니다. 다음은 도움이 될 만한 작은 행동들이에요.

- 사람들과 함께 있을 때는 핸드폰을 가방에 넣어놓는다.
- 공부를 하거나 일에 몰입해야 할 때는 핸드폰을 꺼서 서랍 안에 넣어둔다.
- 문자, 애플리케이션, SNS 알람을 꺼두고 하루 중 두 번만 시간을 정해서 일정 시간 동안만 확인한다.
- 잠자기 전에는 머리맡에 놓지 않는다. (손이 닿는 범위의 바깥에 둔다.)

(2) 능동적으로 충동 조절하기

충동적으로 핸드폰을 보고 싶을 때는 그 마음 자체를 바라보세요. 가만히 살펴보면, 마음 안에 어떤 욕구가 있는지도 보일 겁니다. 불안하거나 초조한 마음 때문에 습관적으로 핸드폰을 찾는다는 것도 알아차릴 거예요.

물론, 처음에는 알아차리기도 전에 핸드폰을 만지작거리고 있을 게 분명합니다. 습관이니까요. 하지만 그때라도 알아차리고 내려두면 됩니다. 그게 반복되면 핸드폰을 집어들기 전에 '아, 내가 핸드폰을 켜려고 하네', '핸드폰을 하고 싶은 마음이 드네'라고 내 의도를 민감하게 파악할 수 있을 거예요. 그러면 그다음은 더 일찍 충동을 알아볼 수 있게 됩니다. 자극과 반응 사이에 간격을 계속 늘려가는 거

내 마음을 돌보는 시간

죠. 이때까지는 핸드폰을 보고 싶은 충동(자극)이 일어날 때 핸드폰을 보는 행위(반응)가 즉각적으로 일어났다면, 이제는 '알아차림' 능력을 강화시켜서 그 연결고리를 끊어내는 겁니다. 이런 과정을 거치게 되겠죠.

심심함(자극) → 인터넷 기사를 보고 싶다(충동). → 알아차림 → 꼭 지금 봐야 할까? → 11시에 이메일이랑 한꺼번에 체크하자(타협). → 핸드폰 내려두기(반응)

이 또한 습관으로 형성되어야 힘들이지 않고 그 충동을 흘려버릴 수 있습니다. 그러므로 반복이 필요한 건 당연하겠죠. 한동안 실패하더라도 절대로 스스로를 타박하지 마세요. 그러면 스트레스로 인해 더 자주 더 오래 열어볼 테니까요.

마음챙김의 가장 큰 혜택

저의 경우 마음챙김과 명상을 습관화하면서 아무 목적도 없이 습관적으로 열어보던 핸드폰 사용 시간이 자연스럽게 줄어들었습니다. 자기 전에 핸드폰을 한참 동안 보는 습관 때문에, 잠들기까지 상당한 시간이 걸리던 저는 한동안 방 바깥에 핸드폰을 두고 자기도 했습니다. 하지만 요즘은 자기 전에는 핸드폰을 보지 않아요. 마음이 차분해지고 싶은 욕구와 숙면을 즐기고픈 욕구가 핸드폰을 보고 싶은 욕구보다 더 커졌거든요.

또 지하철이나 버스 안에서 자동적으로 핸드폰을 꺼내드는 습관도 없어졌습니다. 그 대신 눈을 감고 호흡에 집중하면서 마음 에너지를 충전하는 시간을 가집니다. 그렇게 잠깐 졸기도 하면서 개운하게 다음 스케줄에 참여하곤 합니다.

저처럼 마음챙김을 습관화하고 있는 한 지인도 "핸드폰을 보고 싶은 마음이 줄었다"고 얘기합니다. 맞아요. 이런 습관을 들이면 핸드폰을 보는 것보다는 편안한 마음 상태를 자연스럽게 더 원하게 됩니다. 어떤 게 내 마음의 안정에 더 좋은지 경험으로 알았으니 스스로가 알아서 원하게 되는 거죠.

중요한 건, 핸드폰을 보고 싶은 충동 자체가 없어지지는 않는다는 점입니다. '내일 날씨는 어떻지?', '오늘 이슈는 뭐가 있나?', '아이유가 신곡을 낼 때가 됐는데 아직 안 나왔

나?', '친구한테 메시지를 보내볼까?' 하는 생각들이 불쑥불쑥 떠오르죠. 예전 같았으면 그 생각이 떠오름과 동시에 이미 핸드폰으로 검색을 하거나, 메시지를 보내고 있었을 겁니다. 하지만 이제 그 마음을 그저 바라보고 있습니다. 핸드폰을 쥐는 대신에 내 충동과 욕구를 살펴보고 더 즐거운 데로 주의를 전환하죠. 마음에게 핸드폰보다 더 좋은 것을 주려고 해요. 그러면 내가 핸드폰을 보고 싶어 했다는 사실조차 금방 잊게 됩니다.

기술이 발달하고 정보 획득이 쉬워진 요즘, 저는 오히려 '그것들을 모두 누리는 게 과연 나한테 이득일까?'라는 생각이 듭니다. 아무리 다양한 라면이 개발되어도 밥보다 몸에 좋을 수는 없죠. 아무리 즐겁고 대단한 것도 내 마음에는 독이 될 수 있어요.

인터넷도, 핸드폰도 예쁘고 화려한 모습으로 우리를 유혹하고, 게임이나 영상 등 수많은 즐길 거리들이 우리의 마음을 초대하고 있어요. 기술은 점점 더 발달할 테니 앞으로 그런 것들이 더 다양하고 많아지겠죠. 하지만 취약한 우리 마음에게 진정으로 필요한 건 잠깐의 즐거움이 아닐 겁니다. 고요한 마음을 되찾고, 고민과 걱정으로 무거워진 마음을 가볍게 해줄 것이 필요합니다.

　그렇기에 더욱 자신 있게 권합니다. '더하기가 아닌 빼기의 삶'을 통해 가벼운 마음으로 일상을 살아가기를 바랍니다.

마음을 위한
미움 다이어트

내 것이지만
나를 해치는 감정

'미움'은 타인을 향해 있는 칼이지만 정작 내가 상처받는 칼입니다. 살면서 누군가를 미워하지 않기는 어렵죠. 지금 저는 누구를 만나도 상대의 좋은 점을 많이 찾아낼 수 있다고 자신하지만, 한때는 미움으로 가득했던 때도 있었습니다. 증오에 가까운 마음이 하루 종일 머릿속을 채우고 있었고, 꿈에서까지 저를 괴롭혔습니다. 현실에서 내뱉지 못한 말들이 쌓여서 스스로를 할퀴고 있었습니다.

그러다 어느 날 괴물을 발견한 뒤 미움을 그만두기로

결심했습니다. 어느 늦은 밤 집으로 돌아오는 버스 안에서 창문에 비친 괴물을 똑똑히 보았거든요. 그건 저였죠.

때로는 타인을 믿고 지지하는 것보다 미워하는 일이 쉽습니다. 어떤 면에서 미움은 나를 지키기 위한 방어 전략이기도 하죠. 상대를 '악'으로 만들면 나를 '선'으로 정당화할 수 있습니다. 내가 괜찮은 사람이 되려면 그 순간 누군가를 미워할 수밖에 없는 거죠. 하지만 그건 '순간'일뿐입니다. 우리는 순간순간을 살아가기도 하지만 결국은 긴 시간을 버텨야 합니다. 그러니 누구를 미워하면서 마음 편안할 리 없습니다.

미워한다는 건 결국 내게 괴로움과 아픔을 줍니다. 그것은 내가 상처받고 있다는 뜻입니다. 생각할수록 괴롭기만 한 사람과 애써 화해할 마음이 없다면 그와 나를 완전히 분리해야 합니다. 그의 삶과 나의 삶을 명확하게 구분 지어야 합니다.

대학 시절 교수님께서 "내가 가장 많이 하는 행동이 나를 만든다"는 말씀을 하셨던 게 기억납니다. 맞는 말입니다. 행동이라는 단어를 '생각'으로 바꿔도 마찬가지입니다.

'내가 가장 많이 하는 생각이 나를 만든다.'

내 마음을 돌보는 시간

저는 온종일, 심지어 꿈속에서조차 누군가를 미워하고 증오하다가 미움 그 자체가 되어버렸던 겁니다. 그건 괴물이 분명했습니다.

싫어하는 사람에게 왜
소중한 에너지를 쏟나요

관심을 두는 곳으로 에너지가 몰립니다. '누군가'를 싫어한다면 그에게 당신의 에너지가 소모되고 있는 겁니다. 당신의 소중한 에너지가요!

인간인지라 좋고 싫은 마음을 막을 수는 없습니다. 하지만 싫어하는 그 마음에 집착하는 순간 괴로움은 시작됩니다. 싫어하는 사람이나 사건을 떠올리면 당연히 기분이 좋지 않죠. 기분이 좋지 않으면 그만큼 부정적인 생각을 할 가능성이 커집니다.

부정적인 감정이 들 때, 머릿속으로 부정적인 사건이나 기억을 더 많이 떠올리는 현상을 심리학에서는 '기분유도 편향mood-included bias'이라고 합니다. 우울한 사람을 더 괴롭게 만드는 요인 중 하나죠. 우울한 상태에서는 계속 부정적인 생각만 떠오르는 겁니다. 사람이나 사건에 대해서도 부정적으로 해석할 가능성이 높고요. 악순환이 되는 겁니다.

그렇기 때문에 마음을 거기에서 거두어 기분 좋아지는 일에 얼른 주의를 돌려야 합니다. 우선 내 마음이 미움에 빠져 있다는 사실을 알아차려야겠죠. '내가 부정적인 일에 조명을 비추고 있었구나' 하고 알아차리는 겁니다. 그리고 즐거운 것에 초점을 다시 맞추면 됩니다. 이때 'ㅇㅇ에 대한 생각을 하지 말아야지' 하는 생각은 도움이 되지 않습니다. 애쓰고 결심하지 마세요. 단지 '아, 내가 ㅇㅇ에 대한 생각에 빠져 있었네' 하고 알아차리기만 하는 겁니다. 그럼 그 생각으로부터 한 걸음 물러나게 되는 거고요. 잠깐 그 생각을 그냥 바라보셔도 좋습니다. 그럼 서서히 사라지는 것을 알아차릴 수 있을 거예요.

우리에게는 원하는 것에 주의를 기울일 수 있는 힘이 있습니다. 그리고 그 힘을 기르는 방법이 바로 마음챙김이고요. 떠올리면 기분이 좋아지는 사람이 있다면 그 사람을 떠올려보세요. 아주 오래전이라도 내가 가장 즐거웠던 기억을 꺼내 선명하게 그려보세요. 그러면 뇌는 즐거운 일이 일어나고 있다고 착각하고, 더 긍정적인 생각과 기억을 떠올릴 것입니다. (뇌는 실제와 상상을 구분하지 못하는 특성이

내 마음을 돌보는 시간

있어요.)

이런 방법을 통해 우리는 미워하는 마음과 멀어질 수 있습니다. 자연히 미워하는 사람으로부터 영향을 받지 않게 되겠죠. 소중한 내 에너지도 아낄 수 있고요.

저의 경우, 괴물과 영영 작별을 하게 해주었던 큰 깨달음은 이것이었습니다.

'저 사람은 계속 저렇게 살겠지. 하지만 그게 내 몫은 아니지.'

어느 순간 이 문장이 제게 떠오르더군요. 그러자 점차 마음이 가벼워졌습니다. 그 사람이 나쁜 100가지 이유를 찾아내기보다, 어떻게 하면 내가 그 사람에게 영향을 받지 않을 수 있을까를 더 고민하게 되었습니다.

그 사람이 나쁜 건
당신 몫이 아닙니다

타인은 나를 화나게 할 수도 미워하게 할 수도 없습니다. 만약 그게 가능하다면 내 마음은 그 타인의 것입니다.

'나는 A가 한 말 때문에 화가 났다.'

'나는 A를 미워한다.'

이렇게 생각할 때 주어는 나입니다. 화를 만든, 미움을 만든 주체자는 나입니다.

혹시 어떤 사람 때문에 마음에 미움을 키우고 있나요? 아무리 생각해도 너무 못돼 먹은 사람이 주변에 있나요? 그렇다면 "저 사람은 계속 저렇게 살겠구나. 하지만 그게 내 몫은 아니지"라고 말하고 얼른 내 삶으로 돌아오시길 바랍니다. 그 사람에게 관심을 두는 한 마음은 병들어 갈 테니까요. 내 안에 있는 더 좋은 것들에 조명을 비추면서 즐거운 기분, 유쾌한 감정을 더 많이 느끼시길 바랍니다.

우리가 어떤 감정을 느껴도 그건 자연스러운 것이지만, 나를 아프게 하는 감정은 줄어들수록 좋습니다. 부디 미움 다이어트에 성공하셔서 건강하고 예쁜 마음을 유지하기를 응원합니다.

SNS가 아닌 현실에서
행복해지기를

SNS가
스트레스가 되는 이유

사람들과 소셜미디어에 대한 얘기를 하다가 놀라곤 합니다. 화려하고 밝은 모습으로 넘쳐나는 SNS상의 겉모습과 오프라인에서 접한 뒷모습이 사뭇 다르기 때문입니다. SNS 때문에 핸드폰 중독이라며 심각하게 고민이라는 얘기부터 인스타그램을 할수록 우울해져서 계정을 없앴다는 얘기, '좋아요' 수가 작으면 불안하다는 얘기까지. 마치 온라인 속 빛나고 밝기만한 모습 뒤 안타까운 그림자를 보는 것 같았어요.

SNS는 현대인에게 큰 부분을 차지하고 있는 게 틀림없습니다. 또 정보 공유나 커뮤니티 형성 측면에서 긍정적인 역할을 하고 있는 것도 사실이고요. 하지만 어떤 면에서는 꽤나 큰 감정적 소모를 유발하고 있어요. 저 또한 집중해서 해야 할 일이 생기면 가장 먼저 소셜미디어 애플리케이션을 지우곤 하는데요, 그만큼 평소에 시간과 에너지를 거기에 많이 쓴다는 증거이겠죠.

캐나다의 소셜미디어 전문가 베일리 파넬Bailey Parnell은 소셜미디어가 스트레스가 되는 이유를 분석했습니다. 그중 하나를 '하이라이트 모음집highlight reel'으로 설명합니다. 인스타그램과 같은 개인 온라인 공간은 결국 그 사람의 가장 빛나는 순간만을 모아둔 일종의 하이라이트 모음집이라는 건데요. 문제는 타인의 하이라이트 모음집과 자신의 일상을 비교한다는 데에 있습니다. 조명을 받는 반짝이는 무대 위의 모습과 무대 뒤편의 모습을 비교하는 것과 같은 거죠. 타인의 빛나는 시간과 자신만 아는 자신의 초라한 모습을 견주면 당연히 불편한 감정이 들 수밖에 없습니다. 내가 못나 보이고 보잘것없어 보일 테니까요.

실제로 미국 피츠버그 의과대학이 진행한 연구에서는

내 마음을 돌보는 시간

SNS 이용 시간과 횟수가 높을수록 우울증 발병 위험이 높다는 걸 확인했다고 합니다. 타인의 게시물을 보면서 자연스럽게 자신과 비교하게 되고 이것이 박탈감 혹은 상실감을 유발한다는 겁니다.

SNS가 실시간으로 업데이트되기 때문에 우리는 타인의 일상을 엿보고 있다고 착각하기 쉽습니다. 하지만 우리가 보고 있는 건 결국엔 타인의 '편집된' 삶입니다. 의도적으로 좋은 부분만 올리지는 않더라도, 어쨌거나 인위적으로 엮어진 것만은 사실이죠. 즉, 걸러진 모습들입니다. 그렇게 상대방의 편집된 삶을, 나만이 아는 내 소박한 삶과 비교한다는 게 애초에 앞뒤가 맞지 않죠. 하지만 연약한 인간은 그로 인해 우울해집니다. 정말 안타까운 모습이에요.

소셜미디어가 스트레스가 되는 두 번째 이유는 '사회적 화폐social currency'라는 용어로 설명됩니다. 사회적 화폐는 소셜미디어에서 타인으로부터 받게 되는 '좋아요' 같은 반응을 뜻합니다. 클릭이나 댓글로 표현되는 사람들의 관심의 정도라고 할 수 있겠죠.

베일리 파넬의 설명에 의하면 SNS에 올린 사진이나 글에 붙는 '좋아요'나 하트 개수에 연연하게 되면서 스스로에 대한 정체성이 변화한다고 합니다. '좋아요' 개수로 자기 자신의 가치를 계산하게 되고, 결국 스스로를 상품화하는 현상이 생깁니다. 좋은 반응을 많이 얻기 위해 계속해서 꾸며내게 된다는 거죠. 이런 모습은 사람들의 소외되고 싶지 않다는 불안감을 잘 보여줍니다. 이 때문에 '고립 공포감 FOMO, Fear of Missing Out'이라는 신조어까지 생겨났어요. 소셜 미디어에 대한 과도한 의존으로 인해 발생하는 사회병리적 현상을 잘 보여주는 이 단어는 '자신이 속한 집단으로부터 소외될지도 모른다는 불안감'을 뜻합니다. 그 불안감 때문에 더욱더 자신의 상품 가치를 높이려고 애쓰는 겁니다.

자신의 정체성이나 가치가 타인의 손가락에 달려 있다면 당연히 불안할 수밖에 없습니다. 누구라도 그럴 거예요. 온라인 세계에 의존하면 할수록 자발적으로 자신을 타인의 상품이 되도록 허용하는 꼴이 되는 겁니다. 평가에 취약한 우리 스스로 상품이 되어 타인에 의해 가치가 매겨진다니 위험해 보이지 않나요? 어떻게 해야 이런 위험 속에서 스스로를 구해낼 수 있을까요?

하이라이트 모음집에서
현실로

하이라이트 모음집은 결코 현실의 존재를 그대로 반영하지 못합니다. 타인의 SNS 속 모습과 자신을 비교하는 것도, SNS의 반응에 따라서 자신의 정체성을 조작하는 것도 결국에는 '진짜 세계'를 마주하지 못한다는 문제를 안고 있어요. 온라인을 살아가는 게 아닌 현실 세계를 살아가는 우리가 진짜 세상에서 눈을 거둘수록 '현실 속 나'는 적응력을 잃어버릴 겁니다. 또 '진정한 나'와 '보여지는 나'의 간격이 점차 벌어지면서 인간은 우울해질 수밖에 없고요.

우리 삶을 이끌어가는 건 반복되고 지루한 일상입니다. 매끄럽게 편집된 특별한 시간이 아니라, 먹고 싸고 잠드는 것 같은 매일의 사소함 속에 삶이 있죠. 그렇기에 서툴고 어설프고 추레한 일상의 모습이 '나'라는 전체에서 제외되어선 안 됩니다. 소중한 내 모습이니까요.

화려하고 멋진 순간이 누구에게나 찾아오지만 모두가 각자의 흐름을 가지고 있기 때문에 타인과 나의 삶은 다를 수밖에 없습니다. 그런데도 타인과 나를 비교하고 싶은가요? 지금 나는 진흙탕 속에 있는 것 같은데 빛나는 날을 보내는 타인을 자꾸 마주하게 된다고요?

단언컨대 사람은 그런 식으로 비교할 수 있는 대상이 아닙니다. 상품이 아니니까요. 모두가 각자 다른 흐름과 속도를 갖고 있습니다. 인생 단위로 놓고 보면 모두가 닮아 있어요. 자랑하고 싶은 순간도 오고, 부끄러워 숨고 싶은 순간도 옵니다. 누구에게도 인생이 녹록치 않죠. 그럼에도 누구나 행복할 자격이 있잖아요.

현실에서 좀 더
행복해지는 법

비교하는 행위 자체는 자연스러운 겁니다. 하지만 거기에서 생기는 불편한 감정을 자기 것으로 가져오지는 않았으면 좋겠습니다. 소셜미디어로 행복한 삶을 만드는 것은 현실에서 행복한 삶을 만드는 것보다 훨씬 쉬울 거예요. 하지만 그게 진정한 내 행복은 아니죠. 그러니 현실에서 행복해지도록 더 애쓰셨으면 좋겠어요. 그러기 위해 노력해볼 수 있는 두 가지 방법을 알려드릴게요.

하나는, 소셜미디어가 삶의 '일부'임을 자주 상기시키는

내 마음을 돌보는 시간

것입니다. 타인의 SNS를 볼 때에도, 내 온라인 공간을 채워 나갈 때에도 그걸 전부라고 해석하지 않도록 주의하는 거죠. 그 사실을 늘 명심한다면, 타인의 사진 몇 장과 몇 문장만 보고 타인의 삶 전체를 평가하는 일도 줄어들 것입니다. 내가 우울해지는 일도 없을 거고요.

두 번째로는, SNS에 소비하는 물리적인 시간 자체를 줄이는 겁니다. 무엇을 행위하고 무엇에 시간을 쓰는가에 의존하여 각자의 정체성은 만들어집니다. 내 행위가 내 생각을 변화시킵니다. 내가 주로 어떤 행위를 하는가, 주로 어떤 생각을 하며 살고 있는가가 결국에는 유일무이한 나라는 사람의 개성을 형성합니다. 모니터와 액정 속에 머무르는 시간이 길어질수록 '나 자신'에 대한 감각이 혼란스러워질 수밖에 없어요. 그러니 나를 이루는 내 시간을 거기에 덜 할애해보는 것입니다. 그 대신 오프라인의 내 모습을 '내 마음에 드는 내 모습'으로 가꾸는 데에 시간을 투자해보세요. 1년 뒤, 5년 뒤에 훨씬 더 행복한 나를 마주하게 될 거라 장담합니다.

실천하기 어려울 거 같다고요? 처음엔 어렵겠지만 이 두 가지 노력이 가져다줄 평안한 마음을 생각한다면 그리 큰 수고로움은 아닐 거예요.

글을 쓰는 내내 마음에 머물렀던 법륜 스님의 글로 마무리 하고자 합니다.

삶은 지금 밥 먹고 똥 누는 여기에 있어요.
삶이 밥 먹고 똥 싸는 저 너머
어떤 새로운 곳에 있다고 믿는 것은 망상입니다.
인생은 밥 먹고 똥 싸며
나와 생각이 같은 사람을 만나면 즐겁고
나와 생각이 다른 사람을 만나면 다투며 살아가는 것일 뿐,
특별한 게 없습니다.
우리가 괴로운 것은 삶이 뭔가 특별해야 한다는 망상 때문입니다.

_ 법륜 스님

내 마음을 돌보는 시간

덜 쓰고
더 행복해지는 삶

우리는 왜 더 많이
소유하려 하는가?

좁은 집에 늘어가는 짐들을 보면서 생각합니다. '다시 한번' 미니멀 라이프를 실천해야겠다고요. '다시 한번'이라는 표현에서 알 수 있듯이 처음 하는 결심이 아닌 거죠. 그런데 며칠 뒤였을까요. 대형 쇼핑몰 내에 위치해 있는 전자제품 마트를 들어간 지 30분 정도가 지난 뒤 깜짝 놀랐습니다. 사야 할 것 같은 물건을 무려 다섯 가지나 발견했기 때문이에요. 당장 사야 할 것 같은 마음 탓에 계좌 잔고를 고려하는 경지에 이르렀죠. 그런 스스로를 깨닫고 서둘러 마트를 나왔습니다. 사람의 의지가 이렇게나 약합니다. 불과 며칠 전 결심이 무색하게도 '아차' 하는 순간 '돈을 쓰고 싶은 욕구'로 가득 찰 수 있으니까요.

현대인의 주요한 키워드 중에 하나가 바로 '소비'입니다. 소비에 대한 얘기를 하려면 '돈에 대한 욕구'를 빼놓을 수가 없겠죠. 원하는 걸 마음껏 구입하기 위해 더 많이 벌고 더 큰 부를 쌓고 싶어 합니다.

우리가 살아가고 있는 자본주의 사회는 돈에 대한 욕구를 토대로 형성되었습니다. 경제 시스템은 우리의 욕구를 이용해 더 많이 소비하게 만들고, 그것을 통해 경제는 성장하고 있어요. 어느 정도 먹고 살 수 있게 된 것도 어찌 보면 우리 어른들이 그만큼 소비해왔기 때문일 것이고요. 그렇게 발전한 덕택에 우리는 현대문명의 이기를 누리며 살고 있습니다.

당연히 돈에 대한 욕구는 점점 더 부추겨지고 있습니다. 그 결과 '소비'는 일상을 가득 채우고 있어요. 젊은 층에서 많이 사용되는 신조어가 이를 잘 보여주는데요. '탕진잼'(탕진하며 느끼는 재미를 일컫는 말)과 '플렉스'(돈을 과시한다, 일시불로 큰돈을 쓴다는 뜻의 말)라는 말이 생겼습니다. 크게 소비하는 게 자랑이 되는 분위기를 보여주죠.

내 마음을 돌보는 시간

물론, 여전히 적나라한 돈 얘기는 쉬쉬하는 분위기가 있긴 합니다만 모든 이가 돈에 대해 생각하고 고민하는 것은 사실이에요. 또 대부분의 사람이 소유와 관련한 위기감 혹은 열등감이나 우월감을 느낍니다. 많은 이들이 가능하다면 더 벌고 더 가지고 싶어 해요.

독일의 워렌 버핏으로 불리는 투자 철학자 앙드레 코스톨라니Andre Kostolany는 사회주의에 비해 자본주의 경제체제가 인간의 본성에 더 가깝다고 해석합니다. 소유욕은 인간의 자연스런 욕망이라는 거죠. 이렇게 인간의 소유욕과 궁합이 잘 맞는 자본주의 시스템이 만나니 서로 점점 더 가속화되고 있어요.

하지만 '돈이 정말로 우리를 행복하게 하는가?'라는 질문에는 섣불리 대답하기가 어렵습니다. 돈을 많이 갖고 싶은 것과 돈이 나를 행복하게 하는 것은 별개죠. 분명히 사람들은 이전보다 더 많이 가졌고, 더 많이 소비하며 살고 있는데 어쩐 일인지 영혼이 궁핍한 사람들 또한 늘어났습니다. 알다시피 마음이 병든 사람이 도처에 있고, '돈' 때문에 괴로움을 겪는 분도 많아요. 사회는 풍요로워졌지만 그 사회를 구성하는 사람들의 내면은 그렇지 못하다는 게 주목할 만한 지점이에요.

요즘 같은 시대에
미니멀리스트라니?

불필요한 소비와 물건을 줄이고, 최소한의 것들로 삶을 꾸려가는 사람을 뜻하는 '미니멀리스트'가 등장한지는 꽤 되었습니다. 많은 이들이 탕진잼과 플렉스를 외치는 동안 다른 한쪽에서는 미니멀리스트가 자리를 넓혀가고 있어요. 요즘처럼 소비가 자랑이 되는 시대에 미니멀리스트처럼 덜 쓰려는 삶의 태도가 나타난 까닭은 무엇일까요? 앞에서 언급했듯 자연스러운 욕구를 쫓아서 소비할 뿐이고, 경제 발전에도 기여한다면서 말이죠.

짐작컨대 '난 충분히 가졌고, 편하게 살고 있는데 왜 행복하지 않은 거지?'라는 질문에서 시작된 삶의 방식이 아닌가 합니다. 나를 위해 진짜로 필요한 게 무엇인지를 고민한 끝에 찾아낸 방식이죠. 부추겨지는 욕구를 쫓아 사는 게 아닌 의식적으로 비우는 삶, 본질에 집중하는 삶인 거죠. 많이 가지려는 쪽보다 불편한 길인 게 틀림없지만, 소비에 집중하는 사람이 늘어나는 것만큼이나 많은 사람이 관심을 가지고 실천하고 있습니다.

내 마음을 돌보는 시간

미니멀리스트인 진민영 작가는 저서《조그맣게 살 거야》에서 이렇게 말합니다. 사야 해서 필요를 만드는 소비가 아니라 필요해서 사는 소비 습관이 중요하다고요. 또 주변의 분위기에 휩쓸려서 무언가를 사야만 자신이 인정받는다고 여기는 게 문제라고 지적합니다. 정확해요.

자꾸만 소비를 통해 자신의 존재를 증명하려는 사람, 또 자신의 가치와 행복이 거기에 있다고 믿는 사람의 모습은 어쩐지 불안해 보입니다. 무언가에 홀린 듯 끊임없이 상품을 사면서도 좀처럼 만족하지 못하고요.

과거에 물건은 '도구'로서 기능했지만, 현대의 물건은 우리를 도구로 만들어버립니다. 끝없이 소비의 수레바퀴를 돌리는 사람에게는 더욱 그렇죠. 무리해서 구입한 후 값비싼 물건이 닳을까봐 전전긍긍하거나, 핸드폰 또는 컴퓨터에 갇혀 사는 모습, 광고나 SNS 속 타인의 물건을 보며 쉽게 동요하고 금세 결제 버튼을 누르고 마는 모습이 그렇습니다.

뿐만 아니라, 우월해 보이고 싶은 심리 때문에 한계점도 없이 계속 더 벌고, 더 가지려는 데 혈안이 되어 있기도 합니다. 결코 만족할 수 없는 굴레에 들어와 있는 거죠. 그런 방식은 결국 스스로를 다치게 하고 맙니다. 자기 가치가 자신 안에 있지 않으니까요.

　이런 안타까운 모습을 보며, 풍족해진 자본주의의 이면에 위험해진 마음을 알아차린 이들이 '심플 라이프' 또는 '미니멀 라이프'라는 대안을 내놓은 게 아닌가 싶습니다.

　이렇듯 단순하고 작은 삶은 현재의 내 삶에 만족하고, 내 마음을 안전하게 지키려는 시도입니다. 조금 더 번거롭고, 조금 더 불편하더라도 내 영혼을 건강하게 키워내려는 거죠. 더 소비하는 삶, 더 가지려는 삶의 태도가 행복과는 거리가 멀 뿐만 아니라 오히려 마음을 병들게 하는 주범이라는 걸 알기 때문이에요.

애써 더 불편해질 수 있다면

행복의 비결은 더 많은 것을 찾는 게 아니라
더 적은 것으로 즐길 수 있는 능력을 키우는 데 있다.

_ 소크라테스

　앞서 1장 〈쾌락이 우리를 속인다〉에서 살펴보았듯이, 무언가를 소유해야 채워지는 마음이라면 그건 분명 '돈이 많이 드는 마음'입니다. 계속해서 더 큰 것을 원할 수밖에 없는 '즐거움의 함정'에 대해서도 다루었지요.

마음을 가만히 내버려두면 그 함정에 빠져버릴 수밖에 없기 때문에, 의식적으로 비워내도록 노력해야 합니다. 그렇지 않다면 마음이 점점 더 위험해질 테니까요. 물론 쉽지 않은 길입니다. 쉽지 않다는 것을 잘 알기 때문에, 기꺼이 덜 가지려는 사람, 기꺼이 불편해지려는 사람, 가난을 부끄럽게 여기지 않는 사람의 마음이 얼마나 단단한지를 알 수 있어요. 그들은 충동에 끌려다니지 않습니다. 또 사회 분위기가 부추긴다고 해서 쉽게 좌지우지되지 않고요. 그들은 소유물이 아닌 다른 것으로 자신을 증명하는 법을, 마음을 지탱하는 법을 알고 있기 때문입니다.

의식적으로 알아차리지 않으면 충동에 휩쓸려 살아가게 됩니다. 스스로에게 질문하고 시간을 들여 고민하지 않으면 통장에 있는 모든 돈을 탕진할 뿐더러 마음의 에너지도 줄줄 새어나가 버리고 말 거예요. 내 기준을 정하고, 충동에 이끌리는 순간순간을 알아차리며, 애써 덜 쓰려는 노력이 모여서 내가 주체적으로 살아가는 삶이 되는 것입니다. '주체'라는 자리를 빼앗기지 않으면 어지간해서 마음은 무너지지 않습니다.

여백을 마련해
마음을 지켜내요

　사랑도 소유가 되어버린 시대, 무엇을 탐하지 않고 살기가 힘든 요즘입니다. 길을 가도 텔레비전이나 핸드폰을 켜도 수많은 광고, 주변인들의 자랑, 반짝반짝 빛나는 쇼핑몰이 우리를 반깁니다. 이런 것들을 무시하고 살만큼 우리는 마음을 갈고 닦지 못했어요.

　하지만 애써 다잡아야죠. 돈의 흐름과 수많은 신상품에 잡아먹히지 않기 위해서 말입니다. 시스템에 잠식당하지 않기 위해서 말이에요. 끝끝내 12개월 할부를 택하고 말지라도 우리는 계속 고민해야 합니다. 기준을 정하고 소비 패턴을 점검해야 합니다. 자꾸 되물어야 해요. '정말 필요한가?', '이게 정말 나를 위한 건가?' 하고 말이에요.

　줄이고 덜 쓰는 삶이 쉬운 건 아니지만 불가능한 것도 아닙니다. 조금씩 비워낼 수 있습니다. 그렇게 여백을 마련해나갈 수 있다면, 우리의 정신은 점차 단단해질 거라 믿습니다. 다른 건 몰라도 우리 영혼의 구멍을 채워줄 녀석은 명품백도 비싼 시계도 전자 제품도 아니라는 건 확실하니까요.

우리 모두는 영혼에 구멍이 있어.

우리 모두 그 빈 곳을 채우려 하지. 돈, 관심, 물건, 사람으로.

근데 다 개소리야.

결코 채워질 수 없다는 걸 깨달아야 할지도 몰라.

그럼 서로 상처 주지 않겠지.

우린 모두 불완전하니까 함께일 수 있어.

_ 영화 〈100일 동안 100가지로 100퍼센트 행복 찾기〉 중에서

5
장

연약한 마음을
단단하게 지켜내는 법

비극적인 이야기에
자신을 밀어 넣지 마세요

모호한 상태는
불안을 유발한다

'도대체 왜 나한테 이런 일이 일어나는 거야?'

살다가 어려움에 부딪혔을 때, 꼭 내게만 어려운 일이 쏟아지는 것 같을 때 의문을 품게 됩니다. '이기적이고 욕심 많은 아무개가 아니라 왜, 도대체, 아무 잘못 없는 나야?'라고. 소용없는 걸 알면서도 묻지 않을 수 없을 때가 있습니다. 권선징악이 통하는 동화라면 내게 복이 올 때도 됐는데 복은커녕 야속한 일들이 왜 자꾸 생기는지 왜 이렇게 세상이 굴러가는지 궁금합니다.

우리에게는 상황을 명확히 하려는 경향이 있습니다. 원인을 밝혀서 정확하게 이해하고 싶어 합니다. 이런 시련이 나에게 왜 일어났는지, 도대체 나라는 인간이 왜 태어났는지 그 이유를 찾습니다.

그런 상황에서 느끼는 불편한 감정은 불확실한 미래에 대한 불안과 다르지 않습니다. 모호한 상태는 불안을 유발합니다. 상황을 명확하게 이해하지 않으면 마음이 불편합니다. 그렇기에 인과관계를 찾으려 하고 정답과 결과를 얼른 알고 싶어 하죠. 돈을 내고서라도 사주나 타로카드를 보는 인간 심리도 자연스러운 것입니다. 설령 거짓이라 해도 무엇이든 '알아야' 마음이 놓이니까요.

모두가 이야기를
만들어내고 있다

이렇게 뭐든 확실히 이해하고 싶어 하는 마음은 '이야기를 완성하고자 하는 욕구'와 맞닿아 있습니다. 일상에서 우리는 수없이 많은 이야기를 만들어냅니다. 각자 나름대로 이야기를 지어냄으로써 인과관계를 완성합니다. 또 내가 하는 일에 의미를 부여하고, 경험을 정돈합니다. 자칫 지루해질 수 있는 일이 이 작업을 통해 가치 있게 되고, 덕분에 살 만해지죠.

예를 들어, 반복되는 집안일에 지겨워할 법도 한 주부가 사랑하는 가족을 위해 따뜻한 밥을 짓고, 가족과 함께하는 소중한 공간을 단정하게 가꾸는 거라고 생각하면 청소나 밥 차리기가 기꺼이 할 만해집니다. 퇴사 욕구가 차오르는 직장인이 나중에 큰 꿈을 이루기 위해 지금 경험을 쌓는 중이라고 생각하면 어느 정도 버티는 힘이 생기고요. 또 직장에서 좋아하는 사람이 생겼다면 그(녀)를 만나기 위해 이 직장에 오게 된 거라고 러브스토리를 완성하겠죠. 비록 쥐꼬리만 한 월급일지라도 회사에 다닐 가치를 발견하게 되는 것입니다.

이처럼 내가 경험하는 일의 '좋음'과 '나쁨'에 대해서 각자가 만들어낸 이야기를 토대로 판단을 내리게 됩니다. 그렇기에 똑같은 경험을 하고도 사람마다 다양한 결론에 이르는 거겠죠. 저마다 다른 방식으로 판단과 평가를 하는 겁니다.

나를 괴롭히는 데에
스토리텔링을 쓰지 마세요

그런데 판단이 자신에게 해로운 쪽으로 일어날 때 우리 마음은 괴로울 수밖에 없을 겁니다. 오랫동안 근무해온 직장에서 회의감이 들 때 '나는 이 일이 맞지 않아. 재미도 없고 적성도 안 맞는데 이게 무슨 의미가 있어. 대학 전공을 선택한 것부터 다 잘못됐어'라고 생각한다던가 일이 잘 풀리지 않을 때 도통 되는 일이 없다며 인생 전체를 실패로 해석하는 거죠. 뿐만 아니라, 내가 무언가를 가져야 하고 성취를 해내야만 가치 있는 사람이고, 그렇지 못한 삶은 끔찍한 삶이라고 해석하는 것도 마찬가집니다. 그 안에서 '나'라는 주인공은 비참하고 불행합니다.

그렇지만 스스로 지어낸 그 스토리텔링 속에서만 폐인이고 형편없는 사람인 거죠. 그 이야기 안에서만 나는 불행한 겁니다. 현실에서의 나, 실재하는 나는 좋은 쪽도 나쁜 쪽도 정해진 게 없습니다. 나는 나예요, 그냥 나.

마음챙김에 대해 이야기하면서 '판단하지 않을수록, 세상을 있는 그대로 바라볼수록' 마음이 안전해질 수 있다고 한 걸 기억해보세요.

내 마음을 돌보는 시간

지어낸 이야기를 걷어낼 수 있을 때에, 즉 '아, 내게 일어난 일을 부정적으로 해석하고 있구나'라는 것을 알아차릴 수 있을 때에 나는 위험하지 않을 수 있습니다. 이야기를 이야기로 자각할 때 지나친 자기 비하로부터 구해낼 수 있습니다. 가공된 이야기 속 나는 언제든지 실패자가 되고 끔찍한 상황에 처해질 테니까요.

하지만 오히려 그렇게 이야기를 짓는 재능을 내게 힘을 북돋워주는 쪽으로 활용할 수 있습니다. 그건 가짜가 아니라 '힘'이 될 거고요. 이야기를 토대로 '의미'를 발견하는 데에서 그 힘이 나옵니다. 의미가 있을 때 내가 하는 어떤 행위도 가치 있어지고, 그럼으로써 마음도 더 단단해질 테니까요.

세상은 그 자체로 이야기를 가지고 있지 않습니다. 세상은 좋음도 나쁨도 아닌 중립입니다. 이 때문에 권선징악이 통하는 동화와 같은 이야기로 완성되지 않는 게 당연합니다. 하지만 내가 만드는 이야기 속에서 세상은 동화가 될 수도 영화가 될 수도 있습니다. 재밌는 시트콤이나 감동적인 드라마가 될 수도 있는 겁니다. 각자의 이야기를 만드는 방식에 따라서 즐거운 인생도 되고 괴로운 인생도 되는 것입니다.

세상을 보는 데에 자신에게 불리한 색안경을 착용하기보다는 스토리텔링의 재능을 즐겁게 이용할 수 있다면 좋겠습니다. 그게 바로 모호한 세상에서 겁내지 않고 살아갈 수 있는 힘이 될 테니까요.

세상은 이해할 수 없는 일들 투성이지만, 그 자체로 좋음도 나쁨도 아니라는 것, 다만 우리가 보는 시각에 따라 색을 입혀왔다는 걸 잊지 않았으면 좋겠습니다. 언제라도 비극적인 이야기에서 스스로를 구해낼 수 있는 힘이 우리에게 있다는 걸 기억하세요.

기꺼이 이상한 사람으로
살아갈 용기

나만의 이상한 세계를
확고하게 지키겠습니다

성장 과정에서 세뇌된 삶의 태도 중 하나는 표준의 삶을 사는 것이었습니다. 정규분포곡선의 볼록한 부분(다음 그림)에 속해야 한다고, 즉 튀지 않게 평범하게 사는 게 좋다고, 그렇게 살지 않으면 이상한 사람 취급을 받는다고 이해했고, 그렇게 스스로 삶의 기준을 만들었습니다.

물론 교과서에는 나오지 않았지만, 제가 만났던 수많은 어른들, 가령 부모님이나 선생님, 그리고 친척 어른이나 매체를 통해 이것을 배웠습니다. 그리고 그렇게 살았습니다.

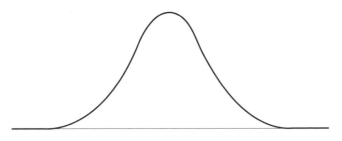
정규 분포 곡선. 세상의 많은 일이 정규 분포를 따른다고 한다.

평균에 부합할 것 같은 그런 삶을요. 그런 제게 "너 제정신이야?"라는 말은 들어서는 안 될 무서운 호통이었죠.

유독 겁이 많았던 저는 스스로 제정신임을 증명하기 위해, 평범한 사람으로 보이기 위해 무진장 애를 쓰며 살았습니다. 상대가 저를 이상한 쪽으로 오해할 것 같으면 열심히 해명했습니다. 도저히 이해시킬 수 없을 것 같을 때는 침묵하기도 하고 나를 평균적인 모습으로 바꾸려고도 했죠. 이 노력을 20대 후반까지도 했던 것 같습니다.

시간이 흘러 그동안 자란 키만큼 자아가 조금 더 성장했나 봅니다. 그렇게 자라난 눈으로 세상을 보니 수많은 질문이 생겨났습니다. '도대체 정상은 무엇이고 비정상은 무엇이지? 평범하다는 것은 무엇이지?'에서부터 '이 세상은 과연 제정신으로 살아낼 수 있는 곳인가?'라는 궁금증으로

내 마음을 돌보는 시간

이어졌습니다.

사람들은 모두 그럭저럭 괜찮은 옷을 입고 있을 뿐, 제각기 자신의 별난 모습을 감추고 있었습니다. 또 저마다의 안경을 낀 눈으로 세상을 바라보며 자신만의 세계에 살고 있었습니다. 각자가 가진 다른 안경을 통해 나를 보기 때문에 어쩔 수 없이 나를 '오해'하게 된다는 것도 알게 되었습니다. 아무리 나를 해명해도 결국에 '진짜 나'를 투명하게 볼 수 없을 것입니다. 그렇게 생각하니 나를 굳이 해명할 필요가 없다는 생각이 들었습니다.

'내가 이상해 보이면 어쩌지'라는 생각에 나를 가두고 살았던 저는 어느 순간 '이상하면 왜 안 돼?'라는 질문으로 나아갔습니다.

내가 어떤 모습이든 타인은 결국 나를 오해하기 마련입니다. 저 또한 타인을 제 방식으로 오해할 것이고요. 각자 방식으로 제멋대로 생각합니다. 딱 그 사람 마음 크기만한 관대함으로 나를 보려 할 겁니다.

모두가 진짜 네 모습을 알 가치가 있는 것은 아니다. 그들이 너라고 생각하는 사람을 비난하도록 내버려두라.

_ 파울로 코엘료Paulo Coelho

그렇기에 우리는 비난이 두려워 이상한 사람이 되지 않기 위해 노력할 게 아니라 기꺼이 이상한 사람으로 살 수 있어야 합니다. 내가 얼마나 괜찮고 멀쩡한 사람인지 타인에게 해명할 게 아니라 자기만의 세계를 잘 구축해서 자기 확신을 가질 수 있어야 합니다. 그럴 수 있을 때 타인 때문에 흔들리지 않고 마음을 단단하게 지켜낼 수 있습니다.

자신의 세계를 안전하게 구축하는 게 곧 마음을 단단하게 지켜내는 거예요. 그러기 위해서는 자신만의 기준이 명확하게 있어야 합니다. 내 기준이 명확하면 남과 자신을 비교하면서 열등감에 위축되거나 우월감에 우쭐하지 않습니다.

우리는 질문을 통해서
성장할 수 있습니다

그러면 어떻게 내 기준이 명확해질 수 있을까요? 답은 간단합니다. 끊임없이 질문하는 것입니다. 우리는 어릴 때 학교에서 질문하는 법을 배우지 못했습니다. 그 대신 정해진 답을 맞히도록 배웠죠. 하지만 질문 속에서 우리는 자라

내 마음을 돌보는 시간

날 수 있습니다. 질문을 하고 스스로 답을 구하는 과정에서 내 발로 서고 내 눈으로 세상을 볼 수 있습니다. 그렇게 하면서 내 세계는 확고해집니다. 그 과정에서 정확한 답을 내리지 않더라도 상관없습니다. 질문을 갖고 사는 것 자체가 내 방식으로 살아가는 힘이 되기 때문이에요.

이는 책《여덟 단어》에서 말하는 '자존감'에 대한 것이기도 합니다.

> 이런 사회에서 자존을 찾을 수 있을까요? 남과 다르면 알 수 없는 불안감이 밀려드는 환경에서 자존감을 가지고 살려면 스스로 부단히 노력해야 합니다. 자존감이 없으면 서울대를 다닌다고 해도 행복할 수 없어요. 백 억을 번다고 다 행복하기만 하지 않을 겁니다. 중요한 건 얼마나 좋은 학벌을 가지고 있느냐, 얼마나 많은 돈을 버느냐가 아닙니다. 기준점을 바깥에 두고 남을 따라가느냐, 아니면 안에 두고 나를 존중하느냐일 겁니다.
>
> _ 박웅현,《여덟 단어》, 북하우스, 21~22쪽

이제 와서 생각해보면 정상과 비정상이라는 단어가 주는 일종의 강제성 때문에 더 정상에 집착하지 않았나 생각해봅니다. 마치 합격과 불합격이라는 구분처럼 생각한 거죠. 이렇게 우리는 언어의 영향을 받습니다. 그래서 저는 이제 정상과 비정상이라는 단어를 쓰지 않으려고 노력합니다. 또한 '이상하다'라는 표현을 부정적으로 여기지 않습니다.

만약 평범해 보이지 않는 게 이상한 것이라면 저는 기꺼이 이상한 사람이고 싶습니다. 모두가 다르기 때문에 모두가 이상한 것은 당연합니다. 각자의 매력을 지닌 모두가 '평범함'이라는 틀에 갇혀 자신을 숨기지 않기를 바랍니다. 모든 아이들, 학생들과 어른들이 기꺼이 이상하게 살아갈 수 있는 세상을 기대해봅니다.

나에 대한 믿음이
나를 지탱합니다

변질된 욜로의 모습

신조어 욜로족의 욜로YOLO, You Only Live Once는 '네 인생은 오직 한 번뿐이다'라는 뜻을 포함합니다. 이 단어가 유행을 하면서 각자 여러 가지 의미로 받아들였고, 그에 따라 욜로족의 풍경도 무척 다양해졌습니다. 그 때문인지 이따금씩 본질을 잃어버린 모습을 보게 됩니다.

삶의 질을 높이는 데 아낌없이 투자하겠다는 가치관이나 소비 행태를 문제시할 필요는 없습니다. 스스로 책임지는 것이니까요. 하지만 '결코 미래를 위해 현재의 자신을 희생하지 않겠다'라거나 '인생에 희망 따윈 없으니 지금 당장 내가 즐겁기만 하면 된다'라는 신념으로 해로운 일도 서슴지 않는 모습은 씁쓸하기만 합니다. 지나치게 변질된 욜로는 거의 자포자기한 모습에 가깝다는 생각도 듭니다.

이런 용어가 유행하게 된 데에는 사회적 요인이 분명 존재합니다. 어렵게 공부해서 대학에 가면 바늘구멍 같은 취업이 기다리고 있고, 직장을 구하고 안정되게 살아보려 하면 집값은 너무 비싸기만 합니다. 살림살이는 이렇게 녹록치 않은데 인터넷에는 화려한 사람들의 일상과 웃음이 쏟아집니다.

아무리 노력해도 안정을 찾을 수 없을 것 같은 느낌과 불확실한 미래에 어쩔 줄 몰라 하던 청년에게 어쩌면 '욜로족'은 썩 괜찮은 탈출구일지 모릅니다. 허탈감이나 허무를 대신할 삶의 방식이 되고 있을지도 모르고요.

하지만 모든 걸 손 놓고 즐기기만 하는 이가 끝없이 무언가를 성취하면서도 결코 만족하지 못하는 이와 크게 달라 보이지 않는 건 왜일까요? 모양만 다를 뿐 자신을 아끼지 못한다는 점에서 닮아 있기 때문은 아닐까 싶습니다. 둘 모두 마음의 평안을 유지하기는 쉽지 않아 보여요.

내 마음을 돌보는 시간

에리히 프롬의 조언

좀처럼 마음의 위안을 찾기가 힘든 요즘 같은 시대에 욜로족으로라도 살아가는 게 어디냐고 말할 수도 있겠습니다. 틀린 말은 아닙니다. 하지만 사회심리학자 에리히 프롬이라면 아무래도 '적극적으로 활동하라'라고 조언할 것 같습니다.

자발적 활동이 어떻게 자유에 대한 질문에 해답이 될까? 어떤 것으로부터의 해방인 소극적 자유만 있다면 인간은 고립된 존재가 되고 만다. 불신에 가득 차서, 연약하고 항상 위태로운 자아를 가진 채 세상과 멀리 떨어진 존재가 된다.

_ 에리히 프롬, 《나는 왜 무기력을 되풀이하는가》, 나무생각, 81쪽

인생을 즐기고 있다는 명목으로 자신을 돌보지 않는다면 자아는 계속 위태로운 상태를 유지할 것입니다. 현실을 보지 않는다고 해서 현실의 자극이 완전히 차단된 건 아닐 테니까요. 당장의 '오늘 밤'을 즐기는 데에는 별 문제가 없지만 신나는 원나잇이 아닌 4계절을 굴러가야 하는 우리가 삶을 돌볼 줄 모르는 자신을 믿고 겨울을 날 수 있을까요?

자신을 믿지 못하는 상태로 인생을 잘 살아내기는 어려운
법이니까요.

다시 생각해보는
열심히 사는 삶

에리히 프롬의 글을 읽으면서 '열심히 사는 삶'을 다시
생각해보게 되었습니다. 어렸을 때부터 어른들은 '열심히
하라'는 말씀을 많이 하셨죠. 게으르고 느릿느릿한 기질인
저는 그게 압박처럼 느껴져서 상당히 불편하게 다가왔습
니다. 속으로 반항했고요.

하지만 누구나 그렇듯, 이런저런 상황으로 인해 열심히
살지 않을 수 없을 때가 오더군요. 스물한 살, 집안의 경제
적인 위기로 학교를 휴학하고 취업 전선에 뛰어들었던 이
후로 지금까지 열심히 살지 않은 해가 없었던 것 같습니다.
내 자아의 이미지는 여전히 '느리고 게으른' 모습이지만, 지
금까지도 늘 부지런히 뛰어다니고 끊임없이 무언가를 해
내고 있었습니다. 의무나 책임은 시간에 따라 달라지면서
도, 학교를 졸업하고 대학원을 가고, 또 대학원을 휴학하고

취업을 하고, 직장생활을 하고 글을 쓰고 책을 내고 가정을 꾸리는 모든 과정에서 부지런히 두 발을 굴리고 있었어요.

그럼에도 여전히 질문이 남아 있었습니다. '왜 열심히 살아야 하는 거지?'라고 묻지 않을 수 없었죠. 비록 나는 어쩌다 보니 부지런히 살고 있었지만 타인에게까지 열심히 살아야 한다고 말할 순 없었죠.

믿을 만한
자신이 되기 위해

그러다 깨달았습니다. '믿을 만한 나'를 위해서 그토록 열심히 살아왔다는 것을요. 저에게 필요했던 건 '자신에 대한 믿음'이었던 겁니다. 내가 나를 믿을 수 없으면 외부로부터 위기가 주어졌을 때 쉽게 무너진다는 걸 알았습니다. 겁이 많고 자존감이 낮았던 저로서는 가시적으로 나타나는 자기 행동 말고는 믿을 게 없었습니다. 끊임없이 선택하고 고민하고 나아가야 하는 삶에서 게으르고 나태한 저 자신을 의지하면서 살 수는 없었으니까요.

모든 자발적 활동에서 개인은 세계를 자기 안으로 받아들인다. 그 과정에서 개인의 자아는 온전해지고 더 강해지며 더 탄탄해진다. 자아는 적극적으로 활동하는 만큼 강하기 때문이다. 진정한 힘은 물질의 소유에도, 감정이나 사고 같은 정신적 자질의 소유에도 있지 않다. (…) 우리의 자발적 활동이 낳은 속성들만이 우리의 자아에 힘을 주고, 자아가 온전할 수 있도록 기틀을 닦아준다.

_ 에리히 프롬, 《나는 왜 무기력을 되풀이하는가》, 나무생각, 82쪽

적극적으로 활동한다는 건 능동적으로 모든 경험을 맞이한다는 겁니다. 내게 주어진 시간을 자발적으로 누리고 충실하게 살아낸다는 것입니다. 어떤 괴로움이든 기꺼이 받아들이겠다는 뜻이기도 합니다. 경험은 고통을 수반하니까요.

일상을 적극적으로 살아냈던 시간들이 모여서 나 자신을 믿을 만한 사람으로 만들지 않았을까 돌아봅니다. 금수저도 아니고 백도 없는 저에게 기댈 존재는 나 자신뿐이었으니까요.

열심히 살면 결국엔 뭔가가 달라집니다. 성과로 나타날 수도 있고, 자기만족으로 나타날 수도, 시험에 합격하거나

마라톤을 완주할 수도 있습니다. 멈춰서 두 손을 놓고 있을 때에는 주어지지 않는 것들이죠. 그런 모든 행위들이 모여서 나를 믿는 근거가 됩니다.

자신을 지켜내기 위한
'작은 행위'

가끔은 길에서 벗어나버린 건 아닐까 하고 의심이 들 때가 있습니다. 내가 아무것도 아닌 것 같고, 자신감도 떨어집니다. 그 순간에 떠오르는 게 그동안 했던 나의 행위입니다. 대단한 성취를 하거나 목표를 이룬 자신이 아니라, '결근 없이 부지런히 출근한 나', '매일매일 글을 쓴 나', '졸음을 이기며 새벽마다 출근 전에 공부한 나', '어려운 순간에도 무너지지 않고 다시 몸을 일으켰던 나', '아르바이트를 세 탕 뛰며 열심히 학교를 다녔던 나', '회사를 다니면서 논문을 써내려고 오랜 시간 고군분투한 나'의 모습들이 떠오르는 겁니다. 그리고 그런 일상의 반복된 부지런한 행위들이 나를 떠받치고 있다는 것을 깨닫습니다. 다음 걸음을 디딜 힘이 되어주기도 하고요.

나를 믿지 못하면 무너집니다. 스스로에 대한 믿음이 없으면 어둠에서 헤어나올 길이 없고, 위기에서 일어날 힘도 부족합니다. 내가 단단하게 서지 못하면 타인에게 자꾸 기대려고 하죠. 하지만 타인은 나를 지탱하지 못합니다. 그는 그 자신을 지탱하는 삶을 살고 있을 테니까요.

그렇기에 에리히 프롬이 말하는 적극적인 활동이 꼭 대단한 것일 필요는 없다고 생각합니다. 내가 나 자신을 믿어 줄 만한 최소한의 삶의 규칙이면 충분하다고 생각해요.

애정하는 드라마 〈나의 아저씨〉에는 정희라는 여자가 나옵니다. 사랑하던 남자가 절에 들어간 뒤로 20년 넘게 그를 못 잊고 하루하루 버티면서 외롭게 살아가는 인물이에요. 밝고 씩씩해 보이기만 하던 그녀가 술에 취해 몸을 가눌 수 없던 어떤 날 밤, 지친 모습으로 빨았던 팬티를 널며 이렇게 말해요.

"그날 입은 걸 빨면 나는 아직 괜찮은 겁니다. 제정신인 겁니다. 나는 오늘 일과를 다했습니다. 망가지지 않았습니다."

그 장면을 보며 깨달았습니다. 정희에게는 '그날 입은 속옷을 씻는' 행위가 자신을 지켜내는 최소한의 규칙이었던 겁니다. 망가지지 않기 위한 몸부림이었죠. 사랑을 잃었다고 모든 것을 포기한 듯이 손 놓고 살면, 그런 자신을 보며 또다시 무너졌을지도 모릅니다. 이미 여러 번 무너진 사람이 만들어낸 자신만의 규칙일지도요. 자신을 지켜내기 위한 최소한의 노력으로서 매일매일 자신만의 규칙을 지켜가고 있었던 거죠.

제가 생각하는 '열심히 산다'의 의미는 대단한 걸 이루겠다는 뜻이 아닙니다. 하루하루 충실하게 살겠다는 것입니다. '내가 좋아하는 나'가 되겠다는 것입니다. 빠르게 뛰어가지는 못하지만 한결같이 걸어가겠다는 것입니다. 그런데 그렇게 살다 보면 결국 조금씩 나아지긴 합니다.

허무나 회의감으로 삶의 균열이 일어날 때, 그 시기를 버틸 힘이 생깁니다. 적어도 나 자신이 한심하지 않고, 믿을 만한 존재가 되어 있으니까요. 그렇기에 이제는 감히 사람들에게 부지런히 살아보자고, 조금만 힘을 내보자고 말할 수 있게 되었습니다.

"나는 어쩌다가 이렇게 부지런하게 살게 되었지?" 하고 우스갯소리로 말하곤 합니다. 분명 누구보다 게으르고 잠도 많은 내가, 때로는 될 대로 되라며 모든 일을 미루던 내가 부지런히 살고 있다는 걸 생각하면 문득 웃음이 납니다.

그렇지만 알고 있습니다. 내가 언젠가 너덜너덜해졌을 때, 지금의 부지런한 일상이 내 마음을 지켜줄 거란 것을요. 나 자신을 믿을 수 있는 한, 앞으로도 단단하게 살아갈 수 있으리란 것을요.

욜로! 맞습니다. 인생은 단 한 번뿐이에요. 그래서, 그렇기 때문에 나 자신도 내 삶도 소중합니다. 소중한 나를 돌보며 앞으로도 기꺼이 열심히 살아야겠습니다.

나를 이해할 때
나를 지킬 수 있습니다

내가 뭘 하고 싶은지
모르겠어

10여 년간 한 회사에 몸 담아왔다는 30대 여성 J씨는 공허감과 우울감으로 상담을 요청했습니다. 학창 시절엔 늘 성적이 우수했고, 서울의 상위권 대학을 졸업해 모두가 알 만한 회사에 취직해 안정적인 생활을 하고 있었죠. 소위 정규직 인생을 살고 있었습니다. 하지만 이따금씩 밀려오는 공허감을 이겨내기 어려웠다고 합니다. 그러다가 올해 진급자에서 밀린 게 계기가 되어 마음을 컨트롤할 수 없는 지경이 되었고 심리상담을 받기로 한 겁니다. 퇴사를 진지하게 고민하는 그녀가 상담 초기에 자주 했던 표현은 "사실 내가 뭘 하고 싶어 하는 건지 모르겠어요"였습니다. 길을 잃은 것 같은 기분이라고 했죠.

이는 사실 J씨만의 얘기가 아닙니다. 의외로 이미 자리를 잡은 직장인들로부터 많이 듣는 고민입니다.

"내가 뭘 하고 싶은지, 뭘 좋아하는지 모르겠다."

퇴사는 하고 싶은데, 그렇다고 딱히 가고 싶은 회사가 있는 것도, 하고 싶은 다른 일이 있는 것도 아닌 겁니다. 왜 안정된 삶의 조건을 갖추고 있는 많은 분이 이런 상황을 마주하게 되는 걸까요?

사람들의 모습이 다양해졌다고는 하나 요즘 풍경을 보면 타인을 따라하는 모습을 많이 보게 됩니다. 텔레비전이나 인터넷, 대화 등에서 영향을 받아 상품을 구매하죠. 여가 생활마저도 '유행'이 존재합니다. 그런 것들을 하지 않으면 괜히 뒤처지는 기분도 든다고 하고요. 문제는 이것이 정말 내가 원하는 것인지 모르는 채로 그렇게 행동하고 있다는 거죠. 그래서 값비싼 옷이나 가방을 구매하거나 유행하는 취미 활동을 타인을 쫓아서 해봐도 큰 만족감을 느끼지 못합니다.

이는 넓게 보면 좋은 성적을 받아 좋은 대학을 가야만 하고, 이름 난 회사에 정규직으로 취직해야만 안심하는 모습과 다르지 않아 보입니다. 대다수가 인정해주는 모양새를 갖추지 않으면 낙오되는 것 같은 마음이 드는 거죠. 나의 욕구나 적성이 거기에 있지 않을지도 모르는데도 불구하고요. 그러니까 마음의 안정을 찾기 위해서 '정답'으로 보이는 길을 따르는 것입니다.

실제로 30, 40년 전만 해도 안정을 위한 정석과 같은 길이 존재하긴 했죠. 어려운 환경이라 해도 열심히 공부해서 좋은 대학에 가고 직장에 취업을 하면 기본적인 삶의 안정을 확보할 수 있었습니다. 부지런히 노동을 하며 아끼고 모아서 집을 마련하는 것도 현실적인 목표였고요. 그렇게 건실하게 살아내면 노후가 보장되었어요.

하지만 요즘은 노력이 만족할만한 결실을 보장해준다고 보기는 어려워졌어요. 평생직장의 개념도 사라진 데다 하늘 높은 줄 모르고 치솟는 집값도 한몫하고 있습니다. 아무리 애를 써도 '안정'이라는 것을 얻어내기 어려워 보이는 현실인 거죠. 바늘구멍 같은 취업문을 통과해서 받는 월급으로 학자금 대출을 갚기에도 빠듯한데 어떻게 집을 마련하고 언제 노후를 준비할 수 있을까요? 그러니 현실적인 문제로 삼포세대가 늘어가고 있다는 것도 당연한 현상일 겁니다.

아무리 노력해도 부모 세대가 쟁취한 안정을 얻어낼 수 없을 것 같은 사회에서 공허감과 우울감을 느끼지 않기 어려운 게 사실이에요. 때문에 어떻게든 정답처럼 보이는 남들의 모습을 따라 사는 게 최선이 돼버리는 거죠.

그런데 나이가 들면 달라질까요? 결혼을 해서 자녀를 키우면 오히려 이 모습은 확장됩니다. 초등학생 자녀를 둔 부모님들이 불안을 느끼는 원인은 '남들이 시키는 사교육을 자녀에게 시키지 못할까 봐'이더군요. 이 때문에 아이에게 무엇이 정말 필요한지 살피기보다는 주위 사람들은 대체로 어떤 사교육을 시키는지 알아내는 데에 에너지를 쏟습니다.

언뜻 보면 안정된 삶을 살아가는 것처럼 보이지만 속을 들여다보면 J씨처럼 공허하다고 고백하는 사람이 많아요. 이런 다양한 현상이 결국 같은 줄기에서 시작되는 거라고 생각합니다. 자신을 이해하는 데에 실패한 거죠. 삶은 결국 '나'를 데리고 사는 것인데 내가 누군지 모르고 사니까 자꾸 혼란스러워지는 겁니다.

내 마음을 돌보는 시간

실존적 공허감에 대한
이해

이쯤에서 빅터 프랭클을 소환하지 않을 수가 없습니다. 《죽음의 수용소에서》라는 책으로 유명한 분이죠. 나치의 강제수용소에서 살아남은 뒤 로고테라피logotherapy를 창시한 정신분석학자 빅터 프랭클의 의견을 참고해볼까요.

그는 일찍이 20세기에 퍼져 있는 현상 중의 하나로 '실존적 공허'를 꼽았습니다. 현대사회에 만연해 있는 우울증 또는 중독증의 원인을 알아내기 위해서는 실존적 공허에 대해 이해해야 한다고 했어요. 한 예로, '일요병'은 정신없이 한 주일을 보낸 후 내면의 공허감이 밀려올 때, 삶이 아무런 의미가 없다는 것을 깨닫게 되는 일종의 우울증이라고 해석합니다. 21세기인 현재도 다르지 않아 보이죠. 이런 공허는 시대적인 변화와도 관련이 있습니다.

(…) 근래에 들어 인간은 또 다른 상실감을 맛보게 되었는데, 그것은 그동안 자기 행동을 지탱해주던 전통이 빠른 속도로 와해되고 있다는 사실이었다. (…) 어떤 때는 그 자신조차도 자기가 정말로 무엇을 원하는지 모를 정도가 되어버렸다. 그 결과

남이 하는 대로 따라하거나(동조주의) 아니면 남이 시키는 대로 (전체주의) 하는 사람이 되어버렸다.

_ 빅터 프랭클, 《죽음의 수용소에서》, 청아출판사, 177~178쪽

신을 중심으로 살았던 옛날과는 달리 종교의 자유가 생기고 합리주의 사회로 넘어오면서 인간의 삶을 지탱하고 있던 전통도 무너졌습니다. 한국에서 유교문화가 지배할 때에 존재했던 규범과 전통의 힘이 약해졌듯이요. 이와 함께 우리가 무엇을 따라 살아야 할지를 잃어버린 겁니다. 그리고 그 자리를 동조주의나 전체주의가 차지해버린 것이고요. 갈 길을 잃은 사람의 입장에서는 남을 따라 살거나, 남이 시키는 대로 사는 게 쉬운 방법일 테니까요.

당연시하며 믿고 따르는 전통의 자리가 빠진 곳을 각자가 무엇으로 메우느냐의 문제입니다. 그 자리를 종교로 채우는 사람도, 학문으로 채우는 사람도 있겠습니다. 만약 따라야 할 가치를 찾지 못하고 텅 빈 채로 사는 사람이라면 아무래도 주변의 모습을 따라 살 가능성이 높겠죠. 휩쓸려서 사는 거죠.

전통의 자리를 꼭 다른 것으로 채워야 하느냐고 반문할 수도 있겠습니다. 네, 인간은 무언가를 믿어야만 살 수 있

는 존재입니다. 마음이 약해질 때는 의지할 무언가를 더욱 필요로 하죠. 때문에 힘든 시기를 겪으면서 종교를 갖게 된 경우가 더러 있을 것입니다. 믿고 따를 만한 것, 기댈 곳이 필요한 겁니다. 그래서 자아가 단단하지 않으면 무언가를 맹신하거나, 사이비 종교에 빠져들기 쉽습니다. 살기 위해 일단 어디든 기대야 하니까요. 그런 의미에서 사람은 참 연약한 존재예요.

결국 연약한 우리는 흔들리지 않기 위해 오직 자신에 의한 삶의 기준이 필요한 겁니다. 타인을 따라 살거나, 타인이 시키는 대로 살지 않기 위해서 내가 믿고 따를 수 있는 '가치'가 필요해요. 다른 사람을 쫓아 사는 게 아니라 나만의 정답을 만들어가야 하는 거죠. 이것이 삶의 큰 방향성이고 나를 지탱하는 힘이며 빅터 프랭클이 말하는 '삶의 의미'입니다. 그래서 빅터는 자신이 만든 치료법인 로고테라피에서 환자 스스로 삶의 의미를 찾도록 돕는 데에 큰 무게를 두고 있습니다.

삶의 방향, '가치'

가치는 저마다가 선택한 삶의 방향입니다. 그렇기에 사람마다 다를 수밖에 없어요. 유행이 있을 수도 없죠. 여러분의 삶을 이끌고 가는 가치는 무엇인가요? 만약 떠오르는 게 없다면 시간을 두고 천천히 생각해보셨으면 합니다. 자신의 가치를 정립하는 데에는 충분한 시간을 할애할 필요가 있어요. 그야말로 삶의 지도이니까요.

자신만의 가치를 확립하는 데에 도움이 될 만한 세 가지 참고사항을 알려드릴게요.

첫째, 가치는 목표와 다릅니다.

목표는 '시험에 합격하기', '취업하기', '승진하기', '내 집 마련하기'와 같이 마침표가 있습니다. 도달할 수 있는 지점이 있죠. 그렇지만 가치는 단지 방향이기 때문에 끝이 없습니다. 가치의 자리에 목표를 두는 사람은 그 지점에 도달하고 나면 허무해지기가 쉽습니다. 가까스로 시험에 합격하거나 내 집 마련에 성공하고 난 후 그다음이 없기 때문이죠. 큰 방향성 없이 목표 지점만을 향해왔기 때문입니다. 그 허무를 극복하기 위해 더 높은 목표를 세우고 달릴 수는

내 마음을 돌보는 시간

있겠지만 결과는 마찬가지일 겁니다. 치열했던 만큼 더욱 공허할 뿐이에요. 하지만 (예를 들어) '사랑'을 삶의 가치로 두는 사람에게는 마침표가 있지 않을뿐더러, 어느 지점에 도달했는지의 여부로 길을 잃지는 않을 겁니다. 가치는 목표보다 훨씬 큰 개념의 방향성이라는 것을 기억하세요.

둘째, 각 영역별로 나누어 가치를 생각해보세요.

크게는 가족, 우정, 직업, 여가, 건강, 자아로 나누어볼 수 있습니다. 영역별로 생각하다 보면 자신에게 어떤 영역이 상대적으로 더욱 중요한지도 이해하게 됩니다. 이 또한 자신에 대한 필수적인 정보입니다. 나에게 '가족'이 우선 순위였는데도 불구하고 정작 '직업'에 더 많은 시간과 에너지를 쓰지는 않았는지 점검해볼 수 있어요. 자신의 가치의 무게에 맞게 생활 패턴을 조정해볼 수도 있겠죠.

셋째, 가치가 정해지고 나면 그에 알맞은 하위 목표들을 세워보세요.

가치에 알맞은 행동을 구체화시키는 것입니다. '가치 일치적 행동'이라고 하죠. 거창하게 세우기보다는 장·단기로 나누어 실천 가능한 목표들을 정하는 게 실제로 실행하는 데에 도움이 될 것입니다. 또, 여러 장애로 인해 가치일치적 행동을 실행하지 못하는 경우까지 고려해보면서 그럴 때에는 어떤 대안적 행동을 할 수 있는지도 정해보세요. 그러면 훨씬 실행 가능성이 높아질 겁니다.

진정한 자립을 위하여

위와 같이 가치를 정립해나가다 보면 자신에 대한 이해가 넓어질 수밖에 없습니다. '내가 무엇을 원하는가?, 무엇에 관심이 많은가?' 같은 자신의 순수한 욕구와 욕망을 살펴야 하기 때문입니다. 이에 대한 구체적인 이해가 생기면 감히 남을 쫓아 살 수는 없을 것입니다. 다양한 화분을 돌볼 때 식물에 알맞게 물을 주고 가꾸는 것처럼 나에게 알맞게 나를 가꾸며 살아가는 거죠. 그제야 자립을 향해 나아가는 거라고 할 수 있습니다. 내가 나를 돌볼 수 있게 되고, 스스로 단단한 뿌리 위에 설 수 있게 되니까요.

J씨는 이름 있는 대학에 합격하고, 공백 없이 대기업에 입사하면서 안전한 삶에 안착했다고 여겼을 것입니다. 하지만 가까스로 평범함이라는 울타리 안에 들어와서도 마음이 충만하게 채워지지 않았던 건 스스로 서 있지 못했기

때문입니다. 만약 이번에도 순탄하게 진급을 하고 모두에게 축하를 받았다면 당장은 공허함을 잠시 잊었을지도 몰라요. 하지만 상담실을 찾아오는 시기가 지연되었을 뿐 결국 마주해야 할 문제였을 겁니다. 삶은 어차피 탄탄대로일 수가 없습니다. 누구든 넘어지고 주저앉습니다. 저마다 시기가 다를 뿐이에요.

길을 잃은 것 같다고 했던 J씨는 실제로 자신만의 지도를 만들어갈 수 있게 되었습니다. '성장'이라는 가치를 세우고 하위 목표를 세워보기도 했어요. 또 내적으로 성장하는 기쁨을 느끼며 살아보고 싶다는 욕구를 말했죠. 아주 반가운 얘기였어요. 마음으로 박수를 쳤죠. 그녀는 상담실을 찾지 않고 술에 의지해서 보내거나, 맛있는 음식에 집착하거나, 공허감을 채우겠다며 흥청망청 소비하며 시간을 보냈을 수도 있습니다. 남들 따라 사는 삶에 더욱 집착하며 살았을 수도 있겠죠. 그랬다면 결코 생각도 하지 못했을 가치를 그녀는 정립하게 된 겁니다. 그녀는 서서히 자립하고 있는 게 분명했습니다.

우리는 모두 연결되어 있기 때문에 완전히 독립된 개체는 존재하지 않을지도 모릅니다. 가족, 가까운 친구, 직장동료까지, 계속해서 타인의 영향을 받잖아요. 그건 자연스러운 일이에요. 그들과 상호작용하며 때로는 자극을 받고 때로는 의지하기도 하며 살아가죠. 하지만 내 마음이 단단하게 서 있기 위해서는 마음의 뿌리가 단단해야 합니다.

마음의 뿌리가 바로 선다는 건 오롯이 나에 의해 서 있을 수 있어야 한다는 거예요. 나의 욕망, 나의 기쁨, 나의 슬픔을 모르고 주변에 휩쓸려서만 살아간다면 그건 나로 인해 서 있는 게 아닌 거죠. 그건 자립이라고 할 수 없습니다.

여러분도 오롯이 내 두 발로 서 있지 못하다는 생각이 든다면 이제부터라도 '진짜 나'를 찾아보시기 바랍니다. 나를 이해할 때에 나로서 바로 설 수 있고, 그때에야 나를 지켜낼 수 있다는 걸 기억하면서요.

내 마음을 돌보는 시간

사람 사이에서 마음을
단단하게 지켜내기

사람과 사람 사이,
영원한 숙제

    이 정도면 단단해질 때도 되었는데, 아니 꽤 단단해졌다고 생각했는데 어김없이 마음이 무너질 때가 있습니다. 대체로 사람 사이의 문제에서 그렇습니다. 대인관계는 나의 성숙과 단단함을 시험해보기에 딱 좋은 상황을 만들어내죠. 우리 모두가 섬처럼 혼자서 존재할 수 있다면 굳이 성숙해질 필요도, 어떻게 마음을 더 단단하게 할지 고민할 필요도 없었을 거예요.

    하지만 타인과 항상 함께 살아가기 때문에 우리는 배워

야 하고 더 현명해지지 않으면 안 됩니다. 그렇지 않으면 내가 더 괴로우니까요. 때문에 심리학자 알프레드 아들러 Alfred Alder 또한 인간의 모든 고민은 인간관계에서 비롯된 거라고 얘기했죠.

개인에 국한되는 고민, 이를테면 내면의 고민이라는 것은 존재하지 않아. 어떤 종류의 고민이든 거기에는 반드시 타인의 그림자가 드리워져 있지.

_ 기시미 이치로, 고가 후미타케, 《미움받을 용기》, 인플루엔셜, 83쪽

저는 특히 갈등 상황에 취약한 편이에요. 꼭 제가 당사자가 아닌 관찰자여도 마음이 쉽게 쪼그라듭니다. 우여곡절을 겪으며 꽤 단련이 되었다고 생각했는데 여전히 갈등 상황에 놓이면 심장이 쿵쾅거리고 당황하게 됩니다. 그런 저를 보면서 '아, 아직 멀었구나'라고 깨닫고는 하죠.

여러분에게도 타인과의 관계에서 유독 취약한 이슈가 있을 거예요. 자존심이 건드려지는 상황을 못 견딘다거나, 무례한 사람을 참지 못해서 분노로 대응하다가 일이 커진다거나, 내성적인 탓에 사람들 앞에 설 때마다 괴롭다거나 등등. 각자가 가진 성향에 따라서 다양한 고충이 있을 겁니

　　　　　　　　　　　　内 마음을 돌보는 시간

다. 우리는 언제쯤 노련해질 수 있을까요?

아마도 결코 완벽해질 수는 없을 겁니다. 70, 80대 어르신들도 다툼을 하고 사람 문제로 속상해 하시는 걸 보면 평생 고민해야 되는 건지도 모릅니다. 제아무리 성숙해지거나 단단해져도 문제에 부딪칠 때마다 계속해서 또 아파하고 최선을 찾아가야 할지도요.

그럼에도 경험치가 쌓일수록 최악을 피하는 법 정도는 알게 되고, 좀 더 현명하게 대처하는 법도 점차 알아가게 되죠. 특히 어떤 방법은 사람 사이에서 마음을 단단하게 지켜내는 데에 도움이 되기도 합니다. 그중 몇 가지만 다루어 볼까 해요.

(1) 내가 옳다는 걸 증명하는 데 에너지를 낭비하지 말 것

인간에게 인정 욕구는 무척 중요한 부분입니다. 사람을 움직이게 하고 성장시키는 원동력이에요. 아이들은 부모나 선생님에게 인정받기 위해 노력을 하면서 점차 성장해가고, 어른들은 사회생활에서 능력을 인정받으려고 무던히 애쓰죠. 가까운 친구나 부부 사이에서도 자신이 노력하고 애쓴 걸 인정받지 못하면 쉽게 서운한 감정이 싹트곤 합니다. 바로 이 '인정 욕구'로 인해 사람 사이에서 많은 문제가 생겨나요. 우리가 이렇게 인정에 약합니다.

하지만 반대로 생각하면 이 인정 욕구라는 녀석에서 자유로워질 수만 있어도 사는 게 편해질 거예요. 타인의 시선에 매몰된 사람은 강박적으로 많은 것을 신경 쓰며 살아갈 수밖에 없습니다. 왜냐하면 인정 욕구는 타인에게 달려 있는 것이기 때문이죠. 우리가 통제할 수 없는 영역이니까요. 나를 알아달라고 아무리 애를 써도 원하는 피드백을 받지 못할 때가 많아요.

특히나 이곳, 우리 사회는 비난이 난무하는 사회가 아닙니까. 요즘 뉴스 기사를 보면, 인정과 지지는커녕 욕이나 먹지 않으면 다행이라는 생각이 들 때가 있습니다. 온라인 세계가 커지면서 익명을 앞세워 모진 말을 서슴지 않고 하죠. 또 핸드폰 메신저로 끊임없이 사람들과 연결되어 있는 탓에 24시간 내내 타인의 평가를 받게 되기도 합니다. 학교에서 국·영·수는 배웠어도 지혜로운 대화 방법을 배우지 못한 우리는 직장생활 심지어 가족 간에도 쉽게 비난을 주고받곤 합니다. 가까운 사람에게 듣는 날카로운 말일수록 더욱 아프죠. 나를 제대로 몰라주는 것 같아 속상하고 억울합니다. 그러면 마음은 쉽게 무너져요. 누구라도 그래요.

그런데 상처 주는 말을 내뱉는 사람일수록 마음이 병

　　　　　　　　　　　내 마음을 돌보는 시간

들어 있는 경우가 많아요. 그들에게 아무리 인정받고자 노력해도 큰 소득이 없을 겁니다. 때문에 거기서 나를 지키는 방법은 내가 옳다는 걸 증명하기 위해 애를 쓰느라 불필요하게 힘을 빼는 게 아닙니다. 그 반대죠. 초점을 나에게로 가져와서 내가 왜 이렇게 속상한지, 왜 이렇게 '저 사람이 틀렸고 내가 옳았다'는 것을 강조하는 데에 에너지를 쏟는지 스스로를 이해해보는 겁니다. 그러면 마음 아래의 인정 욕구가 보일 거예요. '아, 내가 지금 인정받고 싶어서 이러는구나', '저 사람이 내 진심을 몰라줘서 속상한 거구나'를 깨닫게 됩니다. 그러면 구태여 인정을 밖에서 찾기 위해 애쓰는 일은 줄어들 겁니다. 내가 나를 알아줬으니까요. 이것은 곧 불필요하게 감정을 낭비하지 않는 길이기도 하고요.

기억하세요. 타인의 인정에 연연하면서 힘을 빼느라 나를 잃어버려서는 안 됩니다. 대세에 영향을 주지 않는 문제라면 차라리 욕을 먹는 것도 하나의 방법이 될 수 있어요. 내가 나를 믿고 있고, 내 말과 행동에 책임을 질 수 있다면 타인의 호응이 없어도 충분히 걸어나갈 수 있습니다. 다른 이들의 동의를 받지 않아도 당신이 했던 옳은 일은 여전히 옳아요. 누군가 나를 험담하거나, 미워하는 것, 나에게 서운해하는 게 사실은 지나고 보면 나의 중요한 일에 크게 영향을 주지 않는 경우가 많습니다. 오히려 남의 비위를 맞추느라 혹은, 내가 맞다는 걸 증명하느라 과도하게 에너지를 소진하다가 삶의 방향키를 잃어버리기 쉬워요. 그렇게 되면 결국 내 삶의 주체가 타인에게 가버리는 것이고요. 다른 사람들의 인정에 집착하느라 내 인생이 원치 않는 방향으로 흘러가는 것을 바라는 사람은 없잖아요.

> 당신이 옳은 것은 남들이 당신에게 동의해서가 아니라,
> 당신이 실제로 한 일과 이유가 건전하기 때문이다.
>
> _ 벤저민 그레이엄Benjamin Graham

(2) 비교하는 마음 알아차리기

타인이 제공하지 않았는데 스스로 만들어내서 자신을 괴롭히는 것 중 하나가 바로 열등감입니다. 다른 사람에게 기준을 두고 나를 부족하게 만드는 게 바로 열등감이죠. 열등감은 비교 대상이 있어야만 가질 수 있습니다. 나도 모르게 남과 나를 비교하며 나의 부족함을 만들어내는 겁니다. 그런데 이 열등감이 우월감과 다르지 않다는 걸 아시나요. 불교심리학에서는 자신과 타인을 비교하는 마음 활동을 통틀어 '자만'이라고 합니다. 흔히 우월감을 느끼는 게 자

내 마음을 돌보는 시간

만이라고 생각하기 쉽지만 그렇지 않습니다. 우월감뿐만이 아니라 열등감, 그리고 내가 남과 동등하다고 여기는 마음 또한 마찬가지입니다. '비교'로 인해서 생성되는 마음의 한 줄기인 거죠.

다른 존재와 나를 비교하며 아파하는 생명체는 인간밖에 없습니다. 생각해보세요. 들판의 꽃들도 제 모습대로 피어날 뿐 다른 꽃과 자신을 비교하지 않습니다. 치자꽃이 화려한 진달래를 보며 자신이 더 못났다고 슬퍼할까요? 계절에 따라 피고 지며 살아갈 뿐 다른 꽃을 닮아가려 애쓴다거나, 다른 꽃보다 내가 더 잘났다고 우쭐해지지 않습니다. 그런 면에서 인간은 꽃보다 연약한 존재일지 몰라요.

그런데 너무나 자연스럽게 일어나는 비교하는 마음을 어떻게 없앨 수 있을까요? 불교명상을 연구해 온 미국의 1세대 명상 지도자인 조셉 골드스타인Joseph Goldstein은 이렇게 조언합니다. 비교하는 마음이 일어날 때마다 단지 그 마음을 관찰하라고요. 자만심이 일어날 때 낙담하거나 자기를 비난할 필요도 또 놀랄 필요도 없다는 겁니다. 그저 '아! 또 일어나는군' 하면서 받아들이는 겁니다. 그리고 그 마음이 고정된 게 아니라 일시적인 현상에 지나지 않음을 알게 되면 자연스럽게 사라집니다.

비교하는 마음을 자만심이라고 표현하는 것에 대해 동의하는 이유는, 사람 간 대부분의 문제가 '모르는 것을 안다고 생각'하는 오만한 태도에서 기인하기 때문입니다. 타인의 단면만 보고 자신과 비교하는 것도 실은 타인을 안다고 착각하는 데에서 시작됩니다. 복잡한 존재인 인간을 자로 재는 것처럼 간단하게 파악해서 비교할 수 있을까요?

하지만 이런 실수는 너무나 다양한 모습으로 만연해 있습니다. 부모는 제 속에서 낳았다는 이유로 자식이 성인이 되어서까지 그들의 삶에 개입합니다. 자녀에게 가장 좋은 것을 본인이 가장 잘 알고 있다는 듯이 말이죠. 그뿐인가요. 친한 친구끼리 또 연인이나 부부 관계에서도 '당신은 어떠어떠하다'는 식으로 쉽게 정의를 내리고 비난의 도구로 삼아요. 그걸로 인해서 서로를 침범하는 일은 얼마나 많은가요.

그런데 과연 우리는 누군가를 쉽게 '안다'고 말할 수 있을까요? 나도 나를 모르겠는데 타인을 다 아는 것처럼 생각하고 행동하는 게 참 아이러니합니다.

그리하여 외워야 한다. '나는 당신을 모른다.' 부모도 자식도 남편도 아내도 서로에게 복창해야 한다. 내가 아는 건 오직 내

내 마음을 돌보는 시간

가 당신을 모른다는 것뿐이다. (…) 모르니까 설명해주고, 초면인 것처럼 경청하라. 알고 있다는 믿음을 부수고, 끝내 알 수 없다는 자각을 반복하지 않으면, 지옥은 깰 수 없다.

_ 이윤주,《나를 견디는 시간》, 행성B, 77~78쪽

이윤주 작가의 말처럼 우리가 아는 건 오직 그 사람(가족이든 친구든 연인이든)에 대해서 모른다는 사실뿐이지 않을까요.

(3) 타인과 나의 몫 구분하기

안다고 생각하는 오만함에서 발생하는 흔한 실수가 바로 타인의 문제에 쉽게 침범하는 겁니다. 그래서 대인관계에서 기억해야 할 세 번째가 바로 '타인과 나의 몫 구분하기'입니다. 너는 너고 나는 나임을 기억해야 해요.

타인과 나의 경계를 구분하지 못해 생기는 문제는 크게 두 가지로 나타나요. 하나는 의존입니다. 내가 해야 할 선택 앞에서 확신이 서지 못해 늘 부모님이나 친구의 의견에 기대는 경우이죠. 안심하기 위해 늘 타인을 필요로 합니다. 게다가 원하는 대로 풀리지 않으면 책임을 그들에게 전가하기도 해요. 나의 삶을 나 아닌 다른 이에게 내줘버린 셈

이죠.

또 다른 하나는 간섭입니다. 부모가 자녀의 인생을 쥐락펴락하려는 것처럼 타인의 인생에 개입하는 거죠. 이는 가족 간에 흔하게 일어나는 상황이면서 친구나 직장 내 관계, 연인 관계에서도 많이 일어납니다. 가까울수록 경계를 침범하기가 쉽고 또 가까울수록 내가 타인을 바꿀 수 있다는 믿음을 갖기 쉽기 때문이에요.

간섭은 내가 원하는 대로 상대에게 나의 뜻을 강요하는 것만 해당되는 게 아닙니다. 가족이나 친구, 동료를 도와주려는 마음에 과도하게 에너지를 쏟는 것도 포함됩니다. 예를 들어, 한 어머니가 백수 아들이 안쓰러워 계속해서 경제적 지원을 해주는 경우를 상상해봅시다. 어머니는 아들을 '위해서'라고 생각하기 쉽습니다. 하지만 자신의 마음이 불편해서 아들에게 경제적 지원을 지속하는 걸 수도 있죠. 어머니의 지원 때문에 오히려 아들이 스스로 설 수 있는 기회를 잃게 되지는 않을까요? 그래서 마음을 단단하게 먹고 홀로서기를 할 생각을 못하는 건 아닐까요? 실제로 그런 경우가 많기도 하고요.

많은 사람이 '사랑하기 때문에'라는 이유를 앞세워 타인을 자꾸 받쳐주려 하지만, 정작 그 사람의 삶에서 가장 시급한 '자립'을 지연시키고 맙니다. 그게 정말 사랑일까요?

'타인을 위해서' 개입하는 일이 진짜로 그 사람을 위한 길인지, 아니면 내 마음이 편해지려고 하는 건지 구분할 필요가 있습니다. 타인과 내 몫의 경계를 명확히 해야 하는 거죠. 특히 우리는 동양의 집단주의라는 문화적 특성과 어릴 때부터 서로 경계 없이 지내온 가정환경의 특성으로 인해 이 부분에 혼란을 겪는 경우가 많습니다. 각자가 지닌 경계가 너무나 다른 경우도 많고요. 그래서 더더욱 의도치 않게 실수하게 되고 갈등을 겪게 됩니다. 어떻게 현명하게 구분해야 서로 침범하지 않을 수 있을까요?

모든 문제가 대인 관계에서 비롯된다고 했던 아들러 또한 이 문제를 중요하게 생각했어요. 그래서 아들러는 '과제의 분리'를 강조했습니다. 타인의 과제와 내 과제를 분리해야 한다는 거죠. 그는 아주 명료하고 간단하게 두 과제의 구분 기준을 알려줍니다. 그건 바로 그 선택이 가져온 결과를 최종적으로 받아들이는 사람이 누구인지를 생각하면 된다는 거예요.

자녀의 성적이나 진로 문제의 결과를 받아들이는 사람은 자녀 본인이죠. 백수 아들이 구직 활동을 하지 않고 있다면 그 결과는 본인이 책임져야 합니다. 누구도 서로의 인생을 대신 살아줄 수는 없기 때문에 선택에 대한 결과를 책임지는 사람은 당사자 한 명입니다. 나는 나의 삶을 책임지고, 너는 너의 삶을 책임지는 것입니다.

나의 과제를 타인에게 떠넘겨서도, 타인의 과제를 내가 짊어져서도 안 됩니다. 또 아무리 가까운 사람이 나에게 이래라저래라 한다고 한들 그에 흔들릴 필요가 없습니다. 내 인생의 결정권자는 결국 나니까요.

지금까지 말씀드린 세 가지 모두 그리 쉬운 방법은 아닐 것입니다. 하지만 이 세 가지에 방심할 경우 마음이 위협받는 것은 물론이고, 내 삶의 방향키를 잃어버리게 된다는 것은 분명해요. 사람 사이에서 마음을 단단하게 지켜내는 것. 그건 곧 내 삶을 내가 단단하게 이끌어간다는 것과도 같아요. 어떤가요. 그렇다면 이 세 가지 정도는 기꺼이 실천해볼 만하지 않을까요? 실천해나가는 데에 용기가 될 만한 짧은 기도문을 전하며 응원을 대신하려 합니다.

나는 나의 일을 하고, 너는 너의 일을 한다.
나는 너의 기대에 맞춰 살려고 이 세상에 있는 게 아니다.

내 마음을 돌보는 시간

그리고 너도 나를 위해 살려고 이 세상에 있는 게 아니다.

너는 너이고 나는 나다.

만약 우리의 마음이 우연히 서로 일치한다면, 그것은 아름다운

일이다.

그러나 그렇지 못하다면 그것은 할 수 없는 일 아니겠는가.

_ 심리학자 프리츠 펄스

불안에 중독되지
않으려면

불안의 눈으로 보면
불안하지 않은 게 없다

상담을 요청하신 분들의 상당수 고충은 두려움과 불안에 관한 것입니다. 그들은 막연한 미래 때문에, 사랑 때문에, 가족 때문에, 나약한 자기 자신 때문에 불안하다고 합니다. 저마다 이유는 다르지만 모두가 어마어마한 불안을 가슴속에 지니고 있습니다. 친구들이나 지인을 만나도 빠지지 않는 주제이기도 하고요. 어떤 이야기도 가볍게 들리지 않는 것은 저에게도 비슷한 크기만큼의 불안이 자리하고 있기 때문일 겁니다.

내 마음을 돌보는 시간

누구에게도 예외는 없죠. 아무리 겉으로 씩씩하고 단단해 보이는 사람일지라도 내면의 어느 한 구석은 두려움에 자리를 내어주고 있습니다. 그렇게 생각하면 이 세상 모든 사람들이 갓 태어난 아기처럼 연약해 보이고 안쓰럽게 느껴집니다. 아군도 적군도 모두 불안에 있어서는 동지들일 거예요.

산다는 것은 결국 끝없는 불안 속을 헤쳐나가는 것인지도 모릅니다. 신이 아닌 이상 우리는 앞날을 내다볼 수는 없으니까요. 미래, 그 '알 수 없는 곳'으로 나아간다는 것. 그 불확실성 속으로 뚜벅뚜벅 걸어가는 게 바로 불안이며 삶입니다.

그럼에도 정도에 있어서는 사람마다 분명히 차이가 있습니다. 불안이 높은 사람일수록 상황을 통제하려는 경향이 강합니다. 연인, 부부 관계와 같은 친밀한 관계에서 과도하게 주도하고 상대를 구속하려고 하죠. 겉으로 무척 강해 보이지만 내면은 그 반대입니다. 의연한 태도를 가진 사람의 마음보다 훨씬 취약해요.

상대방의 사랑이 식어버릴까봐 혹은 다른 사람에게 눈길을 줄까봐 두려워서 연인의 일거수일투족을 파악하려 하죠. 불안한 부모는 자녀에게 엄격해질 수밖에 없습니다.

아이를 믿기가 어려우니까요. 뿐만 아니라 막연한 미래에 대해 지나치게 두려워하면 강박적으로 스스로를 통제할 수밖에 없습니다. 그렇게 하지 않으면 엄청난 일이 닥칠 것처럼 느껴지기 때문이에요.

불안은 왜 이토록 우리를 더 고달프게만 하는 걸까요? 인간 존재의 핵심을 불안으로 보았던 철학자 쇠렌 키에르케고르Søren Kierkegaard는 "불안은 인간을 발전시키는 무한한 가능성을 지니고 있다"고 말해요. 불안의 힘을 본 거죠.

맞습니다. 사실 우리는 불안으로 인해 그동안 성과를 내어왔습니다. 공부를 하고 취업 준비를 하고 사람들과 잘 지내려 애쓰고 열심히 일하는 그 모든 것들의 아래에는 내게 이로운 적절한 불안이 있어왔던 겁니다. 불안을 통해 성장해왔죠.

정신력이 강하기로 유명한 김연아 전 국가대표 선수도 마찬가지였다고 합니다. 한 인터뷰에서 말하기를 그녀는 컨디션이 좋고 잘 풀리는 것 같으면 오히려 불안감을 느꼈다고 합니다. 언젠가는 문제가 생길 수밖에 없다는 걸 알기 때문이겠죠. 컨디션이 좋고 연습이 잘되는 날이 있으면 컨디션 난조로 몸이 따라주지 않는 날도 있으니까요. 그럴 때

내 마음을 돌보는 시간

일수록 컨디션에 연연하지 않고 늘 한결같이 훈련을 해왔던 게 실력의 비결이었습니다. 그렇게 본다면 그녀의 발전 또한 불안 덕택이라고 볼 수 있어요. 불안해했던 건 오히려 경기를 지켜보던 국민들이었습니다.

2010년 밴쿠버 올림픽 당시 김연아 선수의 경기 직전에 일본의 아사다 마오 선수가 깔끔하게 경기를 치르자 지켜보던 사람들은 긴장했습니다. 혹시라도 김연아 선수가 심리적 영향을 받아 실수를 하면 어쩌나 하는 마음이었죠. 하지만 정작 그녀는 훨씬 더 완벽한 경기를 보여주었습니다. 당당하게 금메달을 따냈고요. 그날의 인터뷰를 들어보면 그녀에게 모든 경기는 그때그때 최고의 역량을 보여주는 것일뿐, 누군가와 경쟁하면서 불안이 증폭되는 싸움은 아니었던 걸 알 수 있습니다. 불안한 눈으로 보면 경쟁자가 아닌 사람이 없고, 걸림돌이 아닌 게 없습니다. 즉, 불안이 불안을 만들어내는 셈이죠.

비관하거나 걱정할 이유를 찾아내는 데에 습관화되어 있으면 거기에서 벗어나기가 어렵습니다. 마치 중독자처럼 불안해할 만한 이유를 어떻게든 만들어내죠. 평안한 상태가 낯설어서 못 견디겠다는 듯이 자꾸만 불안의 숲으로 걸어가는 거예요.

불안을 작아지게
만드는 법

어떤 감정이든 우리를 옭아매지 않고 흘러갈 수 있어야 합니다. 끝없이 이어지는 불안에 중독되지 않기 위해서는 불안을 있는 그대로 마주할 수 있는 용기가 필요해요. 보통은 어떻게든 피하려고 해왔을 겁니다. 막연한 불안감은 마음을 불편하게 하고 불편한 감정일수록 대체로 회피하게 되니까요. 하지만 불안을 있는 그대로 보지 못하면 오히려 불안을 붙잡고 있는 셈이 되어버립니다. 피할수록 더 커질 수밖에 없어요.

마주 본다는 것은 어렵지 않습니다. 우리 마음속에는 끊임없이 어떤 이야기가 펼쳐지고 있습니다. 혼잣말이라고 할 수도 있고 나와 나 사이의 대화라고 볼 수도 있어요. 그 언어들은 어쩔 수 없이 어떤 감정을 유발합니다. 예를 들어서 '이 정도는 너무 부족해. 더 잘해야만 해', '왜 이렇게 한심하게 구는 거야', '빨리빨리 처리해봐' 같은 자기비판적인 말이 가득한 날에는 조급해지고 초조할 수밖에 없겠죠. 또 '저 사람이 날 비난하는 것 같아', '난 회사에서 쓸모없는 사람인 것 같아', '이런 식이면 내 인생은 망했어' 같은 주관적

내 마음을 돌보는 시간

판단으로 만들어진 말은 불안을 극대화시킵니다. 하지만 이런 언어를 알아차릴 수 있다면 이건 단지 내 속에 흘러가는 수많은 이야기 중 하나일 뿐이라고 이해할 수도 있겠죠. 그리고 감정에 개의치 않을 수 있습니다.

즉, 내 마음 속의 말을 하나하나 풀어보는 작업을 해보는 것입니다. 직접 써보는 게 가장 좋습니다. 아무도 나를 지켜보지 않는 혼자만의 공간에서 자유롭게 노트에 적어보세요. 그러면 스스로도 인지하지 못했던 마음속의 말을 자유롭게 써내려갈 수 있을 겁니다. 생각보다 많은 언어를 알아차릴 수 있을 거예요. 그다음, 그 수많은 말 중에 주관적 판단과 정확한 사실을 구분해내는 작업을 해보세요. 이 작업을 하는 이유는 대체로 정확한 사실이 아닌 혼자만의 판단으로 스스로를 불안하게 하는 경우가 많기 때문입니다.

내가 나 자신에게 하는 이야기의 대다수는 검증되지 않은 거짓 생각이라서 쉽게 나를 감정의 덫에 걸리게 할 수 있다.

_ 수전 데이비드Susan David, 《감정이라는 무기》, 북하우스, 37쪽

심리학자 수전 데이비드의 말처럼 검증되지 않은 생각들로 괴로워하고 있었다는 것을 알게 될 거예요. 이 깨달음

은 내 속의 이야기들을 마주하지 않는다면 결코 알 수 없어요. 있는 그대로 보는 작업을 하지 않는다면 영원히 '커다랗고 막연한 불안감'으로 존재하며 나를 무겁게 짓누르겠죠.

불안이 아닌
새로운 습관 만들기

습관적으로 걱정과 불안을 안고 지내며 익숙한 듯이 불안에 중독된 삶을 사는 분이 의외로 많습니다. 그분들에게만 불안한 일이 많이 일어나는 걸까요? 그렇지 않을 거예요. 말 그대로 습관입니다. 그 습관을 벗어날 수 있다면 걱정거리가 아니라 즐겁고 평화로운 일도 늘 함께 일어나고 있음을 보게 될 것입니다. 그렇게 되면 보다 가벼워지겠죠. 습관을 바꾸는 방법은 앞서 다른 글에서도 말씀드린 것처럼 연습밖에 없습니다. 익숙하지 않은 방법이지만 의식적으로 계속 사용해서 새로운 습관을 만드는 거예요. 그러기 위해서 내가 생각 속에서 불안한 이야기를 계속 생성시키고 있었다는 사실을 자주 알아차려야 합니다. 말씀드렸듯이 사실과 생각을 구분하고, 생각의 덫에 걸려 있다는 걸

내 마음을 돌보는 시간

민감하게 알아차릴 때 '아, 나는 불안하지 않는 쪽을 선택하겠어' 하고 능동적으로 나아갈 수 있겠죠. 이 작업을 자주, 애써 해낼수록 그 경험들이 쌓여서 건강한 생각 습관이 만들어지는 것입니다.

조금 덜컹거려도
나아갈 수 있어요

새로운 생각 습관을 만들어가면서 삶 전체에 대한 생각 또한 점검해볼 수 있다면 더욱 도움이 될 겁니다. 때로 우리는 '편안하고 순탄하게만 살았으면 좋겠다'는 삶에 대한 기대를 실제 현실의 모습과 착각합니다. '삶은 순탄한 것이다' 또는 '내 삶은 순탄해야만 한다'와 같이 잘못된 믿음을 갖는 거죠. 하지만, '내 인생은 술술 풀려야 해'라는 생각은 오히려 걸림돌이 될 수 있습니다. 그 생각은 일상의 작은 삐걱거림조차 크게 받아들이게 만들어요. 괴로움을 증폭시키는 거죠. 큰 시야에서 보면 잔물결은 늘 치고 있습니다.

개인의 삶은 오르락내리락 하는 게 당연해요. 그럼에도 여기까지 왔듯이 어떤 모습으로든 앞으로도 나아갈 것입니다. 그렇기에 삶에 대한 현실적인 그림을 갖고 살되, 스스로에 대한 믿음을 잃지 않는 게 필요해요. 몇 군데가 고장 나서 조금 삐걱거리기는 해도, 또 자주 덜컹거리기는 해도 어떻게든 여기까지 걸어온 자신을 믿어주면 좋겠어요. 분명히 앞으로 나아가고 있으니까요.

두 번 사는 게 아닌 이상 매일매일이 낯선 길인데, 미지의 세계에서 두려워하지 않을 사람이 있을까요? 모든 인간이 불안을 안고 살고 있습니다. 때문에 키에르케고르가 말했듯 불안은 존재의 핵심이 맞는 건지도 모릅니다. 이왕 함께 해야 한다면 불안에 기꺼이 자리를 내어주고 살아가는 건 어떨까요? 불안에 중독된 삶이 아니라, 지혜롭게 동행할 수 있는 삶으로 말이죠.

내 마음을 돌보는 시간

참고도서

___ 《감정이라는 무기》 수전 데이비드 지음, 이경식 옮김, 북하우스, 2017

___ 《감정의 치유력》 다이애나 포샤 등 지음, 노경선·김건종 옮김, NUN, 2013

___ 《나는 왜 무기력을 되풀이하는가》 에리히 프롬 지음, 라이너 풍크 엮음, 장혜
경 옮김, 나무생각, 2016

___ 《너덜너덜 기진맥진 지친 당신을 위한 마음챙김 안내서》 루비 왁스 지음,
이수영 옮김, 책세상, 2016

___ 《당신의 그림자가 울고 있다》 로버트 존슨 지음, 고혜경 옮김, 에코의 서재, 2007

___ 《마음에서 빠져나와 삶 속으로 들어가라》 스티븐 헤이즈 등 지음, 문현미·민
병배 옮김, 학지사, 2010

___ 《몸에 갇힌 사람들》 수지 오바크 지음, 김명남 옮김, 창비, 2011

___ 《미움받을 용기》 기시미 이치로·고가 후미타케 지음, 전경아 옮김, 인플루엔셜, 2014

___ 《불교는 왜 진실인가》 로버트 라이트 지음, 이재석·김철호 옮김, 마음친구, 2019

___ 《붓다 브레인》 릭 핸슨·리처드 멘디우스 지음, 장현갑·장주영 옮김, 불광출판사,
2010

___ 《생각에 관한 생각》 대니얼 카너먼 지음, 이창신 옮김, 김영사, 2018

___ 《알아차림, 대화, 그리고 과정》 게리 욘테프 지음, 김정규·김영주·심영아 옮김,
학지사, 2008

___ 《오늘 아침은 우울하지 않았습니다》 힐러리 제이콥스 헨델 지음, 문희경 옮김,
더퀘스트, 2020

___ 《이기적 유전자》 리처드 도킨스 지음, 홍영남·이상임 옮김, 을유문화사, 2018

___ 《자기 돌봄》 타라 브랙 지음, 김선경 엮음, 이재석 옮김, 생각정원, 2018

___ 《존 카밧진의 처음 만나는 마음챙김 명상》 존 카밧진 지음, 안희영 옮김, 불광
출판사, 2012

___ 《죽음의 수용소에서》 빅터 프랭클 지음, 이시형 옮김, 청아출판사, 2005

___ 《트라우마 사용설명서》 마크 엡스타인 지음, 이성동 옮김, 불광출판사, 2014

내 마음을 돌보는 시간

초판 1쇄 발행 2020년 7월 3일
초판 6쇄 발행 2023년 4월 28일

지은이 김혜령

펴낸이 김남전
편집장 유다형 **외주교정** 김계옥 **디자인** 어나더페이퍼
마케팅 정상원 한웅 김건우 **경영관리** 임종열 김다운

펴낸곳 ㈜가나문화콘텐츠 **출판 등록** 2002년 2월 15일 제10-2308호
주소 경기도 고양시 더양구 호원길 3-2
전화 02-717-5494(편집부) 02-332-7755(관리부) **팩스** 02-324-9944
홈페이지 ganapub.com **포스트** post.naver.com/ganapub1
페이스북 facebook.com/ganapub1 **인스타그램** instagram.com/ganapub1

ISBN 978-89-5736-123-8 03180

가나출판사는 당신의 소중한 투고 원고를 기다립니다. 책 출간에 대한 기획이나 원고가 있
으신 분은 이메일 ganapub@naver.com으로 보내 주세요.